# 高校韩语教育教学研究

荣荣　著

吉林出版集团股份有限公司 | 全国百佳图书出版单位

**图书在版编目（CIP）数据**

高校韩语教育教学研究 / 荣荣著. –– 长春 : 吉林
出版集团股份有限公司, 2023.5
ISBN 978–7–5731–3337–3

Ⅰ.①高… Ⅱ.①荣… Ⅲ.①朝鲜语—教学研究—高
等学校 Ⅳ.①H559

中国国家版本馆CIP数据核字(2023)第114639号

# 高校韩语教育教学研究

GAOXIAO HANYU JIAOYU JIAOXUE YANJIU

著　　者　荣　荣
出 版 人　吴　强
责任编辑　孙　璐　王　博
开　　本　787 mm × 1092 mm　　1/16
印　　张　8.25
字　　数　184千字
版　　次　2023年5月第1版
印　　次　2023年9月第1次印刷
出　　版　吉林出版集团股份有限公司
发　　行　吉林音像出版社有限责任公司
　　　　　（吉林省长春市南关区福祉大路5788号）
电　　话　0431–81629679
印　　刷　吉林省信诚印刷有限公司

ISBN 978–7–5731–3337–3　　定　　价　48.00元

# 前　　言

随着我国对外开放的不断深入，我国的经济得到了快速的发展，经济结构也发生了巨大的变化。为了满足各方面的需要，更为了促进祖国的进步，韩语教学有着很大的必要性，但是现如今高校的韩语教学存在着诸多问题，因为传统教学模式已经不能满足日益变化的社会需求，所以需要对现在的韩语教育教学进行及时得创新。尤其近年来，以网络为核心的信息技术的发展不断改变着我们的生活方式，韩语教育教学理念及模式也在不断地更新。新媒体环境下的韩语教育打破了传统教育模式的种种限制，有效实现了韩语教学在时间、空间、方法、内容等方面的延伸。所以对韩语教育教学要结合时代的发展。在对高校韩语教育信息化现状介绍的基础上，结合韩语文化教学，对高校教育教学模式的创新思路与方法进行了探讨，这也是本书研究的重点内容。

本书共七章，第一章为韩语教育理论概述，第二章为韩语教育理论研究的重要手段—韩语教学，第三章为高校网络化韩语教学模式的构建，第四章为现代教育技术辅助高校韩语教学的理论基础，第五章为现代教育技术下高校韩语教学发展分析，第六章为高校韩语教学的方法研究，第七章为跨文化交际背景下高校韩语教学发展研究。

本书在撰写的过程中，查阅了很多国内外参考文献，吸收了很多与之相关的研究成果，借鉴了大量学者的观点，在此表示诚挚的谢意！由于个人能力有限，书中难免会有不足之处，请广大读者批评指正！

荣　荣

2023 年 2 月

# 目　　录

# 第一章 韩语教育与理论概述

随着与韩国交往的日益频繁，我国高度重视韩语教育工作，一些学校开设了韩语相关课程，我国的韩语教育日益完善，为国家培养许多韩语人才。本章主要系统阐述韩语教育与理论方向的基础知识。

## 第一节 教育与韩语教育的认识

### 一、教育

#### （一）教育的概念

教育作为特定的科学概念有广义和狭义之分。

1. 广义的教育

从广义的层面进行分析，教育就是指一种对人的身心进行有意识培养的社会活动，其中每个社会个体都是教育的对象。教育属于人类社会实践活动，教育活动的本质、独特性与其他社会活动的区别在于：教育活动的直接对象是人和人的身心各个方面，不仅指向人的身心健康方面，还着重指向人的智慧、创造力、品德这些品质方面。教育活动的主要目的或本质是影响人的身心发展。其他各种社会活动亦会对人的身心发展产生影响，亦具有教育上的意义和作用，但这种影响和作用可能是无意识的、次要的、附带的，既可能是积极的影响和作用，也可能是消极的影响和作用。

广义的教育包括零碎的和系统的、无组织的和有组织的各种形式，具体而言，有家庭教育、社会教育、学校教育等。

2. 狭义的教育

从狭义的层面进行分析，教育专门指学校的教育，这种教育活动通常都会有专门的教育者负责相应的教育活动。在学校教育中，教育者往往会按照一定的教育目标和计划开展各项教育教学活动，从而对学生的身心产生积极的影响，促进学生的全面发展。学校教育是人类社会发展到一定历史阶段的产物，是教育的一种主要形式。学校教育有如下几个特点。

（1）专门化和制度化。在学校教育中，专门化就是指学校教育通常都会有专门的教职人员、教育环境以及教育对象等；而制度化体现在我国各级各类的学校都需要在办学的过程中遵守相应的规章制度，遵守教育相关的法律法规等，这样可以较好地约束学校的办学。

（2）组织性和系统性。学校教育对学生的身心有重大的影响，对学生的培养，有具体的目标、有明确的计划、有周密的部署，是井然有序、系统地进行的。

（3）以教学为主要教育活动。教学是具有严密组织形式的，以传授与学习系统知识为核心的、统一的师生双边活动。它是学校培养人的基本途径，是学校教育的主要形式。这就是说，学校主要以传授人类积累的基本经验为基础和手段，促进学生的身心变化发展。没有教学活动，学校的教育体系是不完善的。

教育是社会整体活动的一个部分，学校教育是整体教育中的一个部分。部分从属于整体，部分只有在与整体的其他各部分有机相连时，才能发挥其独特的作用。受教育者的发展不仅仅是学校等专职机构的事，而且是全社会的事、受教育者自己的事。

因此，教育绝不能忽视或离开其他社会活动，学校教育也应该密切关注与家庭教育、社会教育以及受教育者自我教育的有机联系。只有相互配合，协调一致，才能全面地确保学校的教育、家庭的教育以及社会的教育目标是一致的，教育产生的影响力是连续的，这样才能够促进学生的全面健康发展。

**（二）教育的功能**

教育的功能，这个问题关系到如何对教育进行定位，对教育功能的理解。从根本上影响了教育实践工作的方向，包括教育制度的建立、教育任务的制订、教育内容的选择以及教育方法的运用。长期以来，对教育功能的论述可以说是形形色色。如果按照教育作用的对象来归纳，可分为个体功能和社会功能两大基本种类。

教育的个体功能，指的是教育在人的发展中所发挥的作用。教育是培养人的活动，这是教育的质的规定性，是教育区别于其他事物或现象的根本特征。由于"培养人"这一本质属性，教育活动本身就决定了其个体功能。因此，教育的个体功能也被称为本体功能或固有功能，这种功能主要体现在个体的身心发展、社会化和个性化方面。

教育的社会功能，指的是教育发挥其作为社会的子系统的作用，通过培养社会成员进而影响社会的发展。这种功能主要体现在社会的政治、经济和文化方面。

## 二、韩语教育

### （一）韩语教育的基本内涵

可以说，韩语教育能够对学生的韩语学习产生比较大的影响，能够为学生的韩语学习提供一定的环境，还能够帮助学生系统地掌握韩语相关的知识点以及使用技能等，从而在一定的程度上逐步提升学生的韩语水平，使学生在真实的韩语语境中敢于用韩语表达观点、看法和交流感情。总而言之，韩语教育对于教师和学生具有不同的意义。教师希望通过韩语教育对学生给予正面的影响，从而帮助学生更好地掌握韩语这门语言；而学生希望通过韩语教育学习更多的韩语知识以及技巧，并不断提升自主学习能力。在韩语教育中，教师和学生都是重要的组成部分，他们有着共同的教育目标，因而在韩语教育中，教师要妥善处理好师生之间的关系。下面我们具体分析韩语教育的内涵。

第一，韩语教育是一项具有加强目的性的活动，也就是说，在韩语教育的各个阶段，学校都会根据教学大纲等制定具体的教学目标，从而实现一定的教育目的。

第二，韩语教育是一项具有较强计划性的教学活动，通常由如下几个主体来制订韩语教育的计划，即国家的教育行政机构、各级各类学校的管理部门以及教育者。

第三，韩语教育的内容十分广泛，它包括韩语的听力教育、口语教育、阅读教育、写作教育以及翻译教育等。这里面就会涉及韩语的语法、语音等内容的教学。在教学实践中，韩语教师一定要采用适合的教学方法开展韩语教育，也可以把信息化的教育手段引入韩语的教育实践中，从而提升韩语教育的整体质量。

**（二）韩语教育的主要内容**

1. 语言知识

对于学习者而言，学习和掌握一门语言需要一个循序渐进的过程，第一就是要学习和掌握这门语言的基础语言知识，这也是开展语言学习的重要基础。这个道理同样可以应用到韩语教育中。在学生学习韩语这门语言的过程中，学生首先就是要学习并牢牢地掌握韩语有关的基础知识，从而为下面的学习奠定基础。

2. 语言技能

对于学生而言，在学习韩语时，除了要扎实地掌握的韩语基础知识，他们还需要在学习的过程中掌握韩语应用的技能，即韩语的听力技能、韩语的口语技能、韩语的阅读技能、韩语的写作技能以及韩语的翻译技能等。

（1）听力技能训练是为了培养学生对话语含义的识别、理解与分析能力。

（2）口语技能训练是为了培养学生口头输出已知信息、表达自身思想的能力。

（3）阅读技能训练是为了培养学生对语言内容的辨认与理解能力。

（4）写作技能训练是为了培养学生运用书面形式输出已知信息、表达自身思想的能力。

（5）翻译技能训练是为了培养学生的综合能力，涉及信息的输入与输出。

对于学生而言，他们在学习韩语的过程中就需要学习和掌握韩语的听力、口语、阅读、写作以及翻译技巧等。提升学生在这些方面的能力，学生才能够不断提升自己韩语的综合实力，才能够在实践中更好地运用韩语这门语言进行交际。

### 3. 文化意识

众所周知，人们在学习一门语言时一定要学习和了解这门语言的文化背景等，从而加深学生对语言的理解。在韩语教育中，韩语文化的学习也是教育的重要组成部分，因而教师在韩语教学中一定要培养和提升学生的文化意识，激发学生对韩语文化的学习热情，从而使学生更好地理解韩国的各种文化，了解韩国的基本习俗、礼仪以及风土人情等。

### 4. 学习策略

所谓学习策略就是指学生在学习的过程中使用的一些学习技巧以及方法等，它能够有效地提升学生的学习效率。在韩语教育中，教师一定要向学生讲解必要的学习策略，从而帮助学生更好地掌握韩语的知识点以及技巧等，并激发学生的韩语学习热情和积极性。教师在教学中也可以积极地借鉴其他语言的学习策略供学生参考和学习。例如，在具体的韩语教育中，教师可以向学生讲解情感策略、认知策略等，使每个学生都能够在韩语的学习中提升学习效率，并培养自主学习的能力，从而为进一步的韩语学习奠定基础。

# 第二节　韩语教育改革的背景与策略

## 一、韩语教育改革的背景

### （一）信息化的时代要求

在现代化的信息技术时代，网络已经渗透到人们生活的各个角落，并且逐渐对人们的生活、工作以及学习等方面产生影响。其突出表现为：在信息技术的辅助下，人们的生活方式以及学习方式都发生了较大的改变。对于学生而言，他们的主要任务就是学习，信息技术的应用拓宽了学生的学习范围，现在学生可以利用多种途径获取所学的韩语知识以及技巧等，这就要求学校的韩语教育必须要进行适当的改革，这样才能够使韩语教育跟得上时代的发展步伐，使学校培养的韩语人才能够为社会的发展做出应有的贡献。总之，信息化对韩语教育产生的影响是十分深远的，教育者一定要认识到信息技术的价值和作用，从而使其更好地为韩语教育服务。

### （二）韩语教育存在定位偏差

一直以来，我国开展的韩语教育都是秉承如下教育原则：韩语教育应该重视培养和提升学生的韩语基础能力，让学生把基础打牢固才是学生韩语学习的基础。然而在现代信息时代，人们生存的环境发生了较大的改变，社会的快速发展需要大量具有较强综合实力的韩语人才，这就要求韩语教育需要进行一定的改革，从而培养更多具有综合实力的韩语人才，为社会的进步和发展贡献力量。在信息化时代，很多学生也已经意识到提升自身的韩语应用能力是非常重要的，因而我国的各级各类学校就十分有必要对韩语教育进行改革，否则传统的韩语教育将会减弱学生的学习积极性，甚至会使学生放弃对韩语的学习。

**（三）韩语教育改革意义重大**

目前，在众多教育工作者的努力下，我国的韩语教育也取得了较大的发展，但是其在发展的过程中也遇到了很多需要解决的现实问题。如果这些现实的问题得不到妥善的解决，将会严重地制约我国韩语教育的发展。具体分析而言，我国的韩语教育遇到的问题包括如下几个方面：第一，很多学校并没有制订清晰准确的韩语教育目标；第二，不少学校在韩语教育中采用传统的韩语教育方式，其主要是为了应付应试教育；第三，很多学校的韩语教育内容重复，内容不够新颖；第四，不少学校的韩语教育的教学效率低下，难以激发起学生的韩语学习热情。由此可见，对我国的韩语教育进行改革意义重大，它能够较好地改进上述现实的问题，推进我国韩语教育的发展。

1. 顺应了新形势下韩语教育发展的要求

在新的时代发展背景下，韩语教育的发展必须要紧紧围绕社会的发展，这样韩语教育才会与社会的发展保持高度的一致。在我国新的发展形势下，我国对韩语教育提出的基本要求为：韩语教育要始终做到以学生为中心，重视学生的韩语学习主体地位，使学生成为韩语学习的主体。在具体的韩语教育实践中，韩语教师一定要采用科学的方式教授学生韩语的知识及技巧等，要教会学生科学的韩语学习方法，这样学生才能够在教师的指导下开展韩语的自主学习，从而提升韩语学习的效率。为了提升学生自主学习的质量，韩语教师有必要开展一定的训练活动来提升每个学生的自主学习能力，这是一项十分重要的能力。当学生具备了较强的自主学习能力时，他们就可以在课下开展自主学习，这样他们也能够很好地利用课余的时间进行学习，而不仅仅是把学习局限于课堂之中。此外，在信息化时代，我们倡导每个人都要把终身学习当作目标，而终身学习目标的实现就要求学习者具备较强的自主学习能力，否则在没有人监督的情况下，学习者很难有效地利用闲暇学习所需的知识等。我们现在生活在一个信息爆炸的时代，学习者通常可以从多样化的渠道获取专业的知识，这就要求韩语教育一定要注重培养学生的自主学习能力，使学生在学习韩语的过程中更好地利用这些先进的信息技术手段，高效地解决很多现实中遇到的问题。

2. 利于改变陈旧的韩语教育模式

目前，我国的韩语教育在发展的过程中出现了很多问题，尤其是教育模式方面的问题。虽然韩语教育改革要求学校转变传统的韩语教育模式，但是我国很多学校在实践中还是采用传统的韩语教育模式，这种模式存在很多弊端，如这在教学中过于重视向学生传授韩语的基础知识，而不重视向学生传授韩语的应用技巧，而且韩语教师在课堂中总是花费很多时间讲授理论知识，他们很少或者几乎没有留给学生应用韩语的时间，这样学生在韩语课堂中就没有机会练习自己的韩语表达能力，他们也很难在交际中真正地运用韩语。通过上述分析可知，我国传统的韩语教育模式实际上就是一种以教师为核心的教育模式，韩语教师在课堂中主导着整个教学过程，这会严重地影响学生的学习热情以及积极性，而且还会扼杀学生的创造力，因而韩语教育改革具有重要的现实意义，它可以把一些先进的韩语教育模式引入现在的韩语教学中，从而激发学生的韩语学习兴趣。

在我国传统的韩语教育模式中，韩语教师往往是课堂的主导者，他们主导着课堂的整个过程和所有的程序，学生在韩语课堂中变得很被动。例如，在具体的韩语课堂中，有时候教师在讲解一个重要的韩语知识点时为了使学生更透彻地理解韩语知识点的内涵以及应用，教师在课堂中就会经常反复地讲解有关的韩语例子等，这个过程就会占据课堂很多的时间，而且在讲解的过程中有时候教师也都会重复地讲解有关的韩语知识点等，从而使学生产生疲惫以及反感的心理。其实教师的这种做法是不妥当的，没有充分地考虑学生的学习心理以及学习规律，没有留给学生足够的时间来吸收和消化韩语知识，也没有留给学生足够的时间练习韩语的口语等，因而我国传统的韩语教育模式十分不利于学生的韩语学习，需要学校根据现实情况进行改革。

3. 利于科学评价体系的形成

在我国传统的韩语教育模式里面，韩语教师往往会采用相对比较单一的评价方式来评价学生的韩语学习情况，这种评价方式就是人们都十分熟悉的考试。虽然考试是一种十分高效的检测学生韩语学习情况的手段，但是这种评价方式也存在很多弊端，如考试会根据学生的考试成绩把学生分成不同的等级，这无疑会伤害一些韩语成绩比较差的学生的自尊心以及自信心，从而打击学生韩语学习的积极性。在这种情况下，学校十分有必要对韩语教育进行改革，从而能够形成相对比较科学的评价体系，更加真实、全面地反映每个学生的韩语学习水平，也能间接地提升教师的教育质量。

## 二、韩语教育改革的策略

### （一）学习先进教育理念，转变韩语教学模式

要想进行韩语教育改革，人们就需要更新思想，逐步转变韩语的教育理念。教育者要多把先进的教育理念引入韩语教育中，使每个教育者都可以用先进的思想武装自己的头脑。现在人们生活在一个信息化的时代，因而不管是韩语专业的教师还是其他专业的教师都应该把新的教学理念融入现代教育中，从而使这些新的理念更好地指导教师的教学行为等。具体分析而言，在韩语教学中，韩语教师不能只重视向学生传递韩语的理论知识，还需要采取必要的措施和手段等锻炼学生的韩语应用能力，这才是语言学习的重要部分。在转变教学理念的基础之上，学校要对现有的韩语教学模式进行适当的改革，从而使韩语教学模式更加人性化，能够促进学生的全面发展。

### （二）运用信息技术手段，创新韩语教学方法

在信息化的背景下，我国很多学校的教师都尝试着把先进的信息技术手段应用到各科

教学中，并取得了一定的教学效果。对于韩语教育而言。这也是一个很好的契机。韩语教师在教学实践中也应该把先进的信息技术手段应用于韩语教学中，从而不断改革和创新现有的韩语教学方法，激发每个学生的韩语学习兴趣，同时为学生提供比较现代化的韩语教学环境。具体而言，学校可以从以下几个方面做出努力来不断地创新韩语的教学方法：一方面，学校的教育资金应该多向韩语教学方向倾斜，学校应该尽力为信息化韩语教学购置相应的硬件设施，这也是开展信息化教学的物质基础，否则很难有效地将信息技术手段应用于现实的韩语教学中；另一方面，学校还应该重视韩语教育的软件建设，可以引入相对比较先进的韩语教学系统等，提升韩语教学效率。例如，学校可以充分地应用精品课程分享平台，该平台能够为学生提供很多优质的韩语相关课程，这样就能够拓宽和丰富学生的韩语知识面，增强教学的直观性，从而使学生在学习的过程中体会到韩语学习的快乐和意义；第三，学校的韩语教师要结合学生的特点尝试引入比较新颖的教学方法，如翻转课堂、微课以及慕课等，这些新颖的教学模式优点很多，能够给学生的学习带来很多新鲜感，从而激发学生的韩语学习热情。

**（三）加强专业系统培训，武装韩语教师队伍**

在韩语教育中，教师是十分重要的组成部分，虽然我们不断强调学生才是韩语学习的主体，但是这并不意味着教师在韩语教学中就处于不重要的位置。相反，在实际的韩语教学中，韩语教师依然发挥着不可替代的作用，因而每个学校都应该重视韩语教师的培养，学校要为学生的学习构建一支优质的韩语教师队伍，从而使教师更好地引导学生学习韩语的知识和技能等。通常学校可以从如下两个方面提升韩语教师队伍的综合素质：一方面，学校可以定期组织韩语教师进行培训，为韩语教师提供较多的培训提升机会；另一方面，学校可以把本校的韩语教师送到具体的岗位中进行实践锻炼，从而提升教师的韩语综合运用能力。

**（四）加强校企合作**

在现代教育中，校企合作是一种很好的教育模式，它能够为学生提供知识运用的机会，使学生把所学的知识应用到社会实践中，提升学生的语言应用能力。同时它还能给企业输入新鲜的血液，促进企业的发展，这是一种可以实现学校和企业双赢发展的教育模式。因而在韩语教育中，学校可以加强校企之间的合作，从而提升学校的韩语教育质量。需要强调的是，在学校与企业之前进行合作时，他们需要遵循一定的原则，从而使合作更加高效、顺畅。第一，遵循互惠互利的原则；第二，遵循相互参与的原则；第三，遵循相互依存的原则；第四，遵循共谋发展的原则，因而在韩语教育中，学校要加强校企之间的合作，为学生提供更多的韩语应用机会，提升学生的综合素质。

**（五）健全反馈评价制度，完善韩语教学保障**

在实际的教学中，教学评价是一个十分重要的环节，它不仅能够很好地反映教师的教学情况，还能够从宏观上反映学生的整体学习情况，因而学校都应该重视教学反馈评价制度，这样才能够全面、科学地对教学进行评价。在韩语教育中，学校应该不断地健全学校的韩语评价制度，不能把韩语的考试成绩作为评价学生韩语水平的唯一标准，要更加客观、全面地评价学生。需要强调的是，在韩语的教学评价体系中，教师并不是评价学生的唯一主体，学生以及其他学校的管理者也可以成为评价学生的主体。此外，学校对学生的韩语学习情况进行评价时还可以采用多样化的评价方式，增强学生的自信心，使每个学生都能够发现自己身上的闪光点，从而更加积极地开展韩语学习活动。

# 第三节　韩语教育的基础理论

## 一、语言学理论

众所周知，语言学是一门与人们生活息息相关的学科，这门学科的主要内容就是研究语言的规律、语言与文化等因素的联系等。因而人们在研究韩语教育时也需要研究和探讨语言学的相关理论。人们只有更好地把握语言的发展规律以及使用规律，才能够更好地把握韩语教育的各项教学规律。

### （一）社会语言学理论

社会语言学这门学科是一门交叉学科，它兴起于20世纪20年代左右，主要探讨在人类的发展过程中语言和社会之间存在的各种关系以及联系等，从而使语言更好地为社会的发展服务。需要强调的是，社会语言学的研究内容十分广泛，它在研究时会应用到很多领域的学科知识等，如人类学以及交际学知识等。不同的学者根据不同的标准对社会语言学进行了分类，这里我们主要根据社会语言学的研究对象不同进行分类，具体可以分为两种不同的社会语言学：第一种就是微观的社会语言学，其主要关注的是微观的因素与语言发展之间的关系，如性别、民族等；第二种就是宏观的社会语言学，其主要关注的就是语言发展过程中的宏观影响因素，如语言的相关政策、教育等。

目前，我国很多学校开展了多种外语的教学，如英语教学、韩语教学及日语教学。通过分析这些外语教学实践可以发现，我国的外语教学在实践中受到社会语言学理论的影响较大。具体而言，在社会语言学的相关理论中强调，人们的语言习得具有一定的社会性，因而人们在学习某一种语言时应该注重这门语言的交际以及应用，这体现在外语教学中就是教师要多为学生提供语言练习和锻炼的机会，从而使学生真正地掌握这门语言。基于社会语言学相关理论的启示，在具体的韩语教育中，韩语教师一定要重视为学生提供锻炼韩语的机会，教师也可以为学生创设韩语应用语境，从而锻炼和增强学生的韩语应用能力，使学生可以很好地应用韩语这门语言。

## （二）应用语言学理论

应用语言学也是一门相对比较新颖的语言学交叉学科，它的研究内容涉及的领域也很广泛。也就是说，学者在研究应用语言学的过程中需要学习和掌握多种不同学科领域的知识。如教育学相关知识、心理学相关知识及信息论的有关知识等。应用语言学的研究主要包括如下几个方面的内容：第一个方面，学科建设；第二个方面，语言教学；第三个方面，语言规划；第四个方面，语言本体等。可见应用语言学的研究的具有重要的现实意义，它可以很好地指导人们在生产实践中恰当地运用各种语言，从而推动社会平稳的发展。从整体上进行分析，应用语言学实际上就是研究语言在各种不同领域中具体应用的问题，因而其现实意义重大。随着人们对语言学理论研究的深入，人们开始不断地拓宽应用语言学的研究范围，从而丰富应用语言学的内容，使其更好地为社会以及文化的发展服务。

## （三）二语习得理论

二语习得理论通常包含五个基本的假设，这些理论内容能够更好地辅助人们学习第二语言。

### 1. 习得/学习假设

在二语习得理论中有个十分重要的概念就是"习得"，需要强调的是，"习得"和我们熟悉的"学习"是两个完全不同的概念。其中"学习"是指学习者在一定学习技巧和策略的辅助下有意识地学习某一种语言的知识、技能的过程，它强调的是学习者的这个过程是有意识的，是学习者为了达到一定的目的开展的某项学习活动。而"习得"则是指学习者在一种完全无意识的状态下熟悉和掌握某一种语言的相关知识点以及技能的过程，可见"习得"强调的是学习者的这个过程是无意识的，是在不自觉的过程中掌握的。换句话说，"习得"就是强调学习者可以在不同的场合及地点掌握语言沟通和交流的技巧等，它没有很多的限制因素。通常情况下，语言研究者比较一致地认为，个体掌握他们的母语也就是第一语言是通过"习得"实现的，而个体掌握他们的第二语言如韩语则是通过"学习"实现的。可见"习得"和"学习"这二者之间的显著差异。在习得/学习假设里面，语言学家认为，学习者在学习韩语时也应该是通过"习得"来掌握韩语相关的知识以及技能等，这样学习者才能够在各种韩语的语境中自如地应用韩语。

### 2. 自然顺序假设

自然顺序假设的主要内容是：个体在学习一门语言时，他们通常都会按照一定的自然顺序来自然习得这门语言的相关内容。这里强调的自然习得就是指个体采用的是一种非正式学习的方式来获得。通过大量的调查研究发现，当学习者在学习一门语言时，不管这个学习者的学习能力、语言基础以及文化背景之间存在多么大的差异，他们在学习的过程中往往都会遇到相似的语法难点。也就是说，这些不同的语言学习者的语法习得顺序几乎是一模一样的。虽然自然顺序假设能够为人们的语言学习提供一定的指导，但是在教学实践中，学校在制订相应的教学大纲时也不用完全遵照自然顺序假设的相关内容进行制定。由于韩语教学是一门重要的语言教学，因而韩语教育的根本目的就是为了培养和提升学生的韩语应用能力，使学生可以在实践中更好地运用韩语，所以教师在韩语教学中有较大的自主选择权，他们完全可以灵活地安排语法顺序进行授课，而不是一成不变地强调语法顺序。

### 3. 监控假设

监控假设主要是用于反映"语言习得"和"语言学习"这两个不同概念之间的关系，同时这个假设也能够从一定的程度上体现出学习的作用。在监控假设的分析中，学习者的语言习得和学习者的语言学习二者所发挥的作用具有较大的差异，因而学习者应该合理正确地区分"语言学习"和"语言习得"。具体分析而言，在语言习得系统的研究基础之上，学习者在其潜意识中形成的语言知识具有真正的语言能力。而在语言学习系统的基础之上，学习者有意识地掌握的各种语言知识只有在学习者应用第二语言的过程中才会起到一定的监控作用，而且其发挥监控作用还需要在一定的条件下才可以，这些条件包括：第一，有足够的时间；第二，十分注意语言的表达形式；第三，熟悉和掌握语言的相应规则。

### 4. 情感过滤假设

从心理学的层面进行分析，通常情感过滤假设中情感是个重要的因素，它具体就是指学习者的学习动机、学习需求以及情感的变化等。对于学习者而言，他们在学习和应用语言的过程中会受到多种因素的需要，其中就包括情感的因素，情感因素会对学习者的语言输入产生较大的影响，但是情感因素的影响是很灵活的，它既有可能会促进学习者的语言输入，也有可能会阻碍学习者的语言输入，因而有时候相关的研究者也把语言学习中的情感因素称为可以调节的过滤器。在语言输入的过程中，过滤器发挥着十分重要的作用，它能够帮助学习者更好地吸收和内化输入的语言知识等。由此我们可以得出，在具体的韩语教育中，学习者的情感也会对其韩语学习产生较大的影响，因而学习者在学习时要合理地调节自身的情感，让自己以一种积极的情感来学习韩语，力求达到一种比较好的韩语学习效果。

### 5. 输入假设

在二语习得理论中，输入假设是其最重要的内容，需要引起人们的高度重视。需要强调的是，输入假设和学习的关联性并不是很强，而它和习得的关联性相对比较强。根据输入假设的相关内容，对于学习者而言，他们拥有的语言应用能力是在他们接触到理想的输入之后慢慢形成的能力。这种能力并不是教师可以教会给学生的能力，它的形成需要一定的过程。通过上述分析可知，学习者的某种语言能力的形成离不开理想的输入，这是关键的环节。

## 二、建构主义学习理论

建构主义学习理论内容十分丰富，它对现代教育理念具有重要的指导意义。在建构主义的学习理论中，学生才是学习的主体和主人，教师在学生学习的过程中只是起到引导和辅助的作用。总而言之，人们可以从如下几个方面来分析和理解建构主义学习理论的相关内容。

第一，学习应该以学习者为主体，在学习的过程中，学习者才是学习的主体，他们才是意义知识的建构者，在学习中发挥着十分重要的作用，而教师在学习的过程中只是起到引导和鼓励的作用。因而在实际的教学中，教师应该改变传统的以教师为中心的教学模式，而是坚持做到以学生为中心。第二，在具体的教学中，教师应该重视情境的重要意义。众所周知，任何学习过程都是在一定的情境中发生，因而学习者也需要在一定的情境中建构自己的知识，并且牢固地掌握相应的知识。第三，教学中要不断加强教师与学生、学生与学生之间的沟通和交流。在建构主义的学习理论中，教师和学生之间应该增强互动，这样教师才能够及时地了解学生的具体学习情况，学生才能够获得教师及时的帮助和指导等。也就是说，不同的认知主体之间都应该加强互动，从而提升教师的教学质量以及学生的学习效率。第四，教师在教学中要重视学习环境的构建。当学生所处的学习环境发生变化时，学生的心境以及学习效率等都会产生一定的变化，因而教学中教师一定要为学生创设有利于学习的环境；第五，在实际的教学中，教师要为学生的学习提供多样化的辅助资料，从而帮助学生更好地开展自主学习，提升学生的自主学习能力，这能够为学生的日后学习打下坚实的基础。

建构主义学习理论可以对现有的韩语教育模式产生积极的影响，这就要求在韩语教育中，教师一定要确立学生的学习主体地位，并且在具体的韩语教学中应用发现教学模式、探究教学模式以及合作教学模式，从而激发每个学生的韩语学习兴趣。此外，在韩语教学中，教师要尽可能地为学生创设一定的韩语应用情境，使学生在真实的语境中练习韩语，这样有利于学生的意义建构。

## 三、合作学习理论

所谓合作学习就是指在实际的课堂教学中，教师按照一定的标准把学生划分为不同的小组，然后学生以小组作为具体的单位来共同完成教师安排的学习任务，从而达到一定的教学目标。在合作学习中，每个学生都需要处理好和其他小组成员之间的关系，不断增强自身的团队合作精神。在实际的教学中，合作学习也强调以学生为中心，教师要引导、监督学生的学习活动。此外，合作学习理论并不是孤立的理论，它的很多思想都和心理学相关理论以及社会学相关理论联系紧密。总而言之，合作学习理论的重要理论基础包括如下内容：社会互赖理论、选择理论、教学工学理论、动机理论、社会凝聚力理论、发展理论、认知精制理论和接触理论。

## 四、教育信息化理论

### （一）教育信息化的背景

教育信息化是现代教育发展的大趋势，2000 年之后，我国开始了教育信息化的建设工作。最初，教育信息化与通信技术密切相关，教育信息化的实现就是以通信技术为基础的。上海某大学教授曾经这样阐释教育信息化："现代信息技术的发展对教育领域造成了极大冲击，将现代信息技术应用于教育之中，无疑使原本的教育观念、环境、模式、方法等发生了改变，信息化成为教育的重要特征。教育信息化是将整个教育事业推向现代化之路的大工程，其绝不等同于教育的计算机化，计算机只是教育信息化的一个工具。"

今天，信息技术在教育领域的应用已经十分普遍，人们对于教育信息化也不再陌生，教育信息化是一个系统工程，其基础在于用信息的观点对教育系统中的信息加以分析，而后便可以将信息技术广泛应用于教育实践之中。应用的过程需要明确几点：一是注重信息处理设备的完善；二是借助各种成熟的信息技术，如通信技术、计算机技术；三是致力于教育信息资源的建设，如数字图书馆、教育网站；四是促进教师与学生信息素养的提升；五是改变传统的教学管理模式，实现自动化的教学管理。

总而言之，教育信息化是信息社会背景下诞生的一种新的教育模式，这一模式的内涵就是信息技术在教育系统中的科学合理应用。教育信息化不但能够升级学生的学习方式，如数字化学习、网络化学习，而且还能切实提高教学效果，促进教育事业的繁荣。

### （二）教育信息化的特点和实现途径

1. 信息处理数字化。数字化与信息化相伴而生，教育信息化的发展使得教育信息的处理也实现了数字化的转变，借助各种性能可靠、集成度高的数字化设备，大量的教育信息得以高保真度地存贮下来，教育信息的处理速度也有了大幅提升。

2. 信息传输的立体化。以往的教育信息传输存在多种弊端，在信息技术的支持下，教育信息资源轻松实现了师生共享，教师可以将教育信息上传到网络平台，学生通过登录账号的方式获取这些教育信息。立体化的信息传输还使原本繁杂、零散的教育信息以一种系统的方式传输出来，高效的传输网络由此形成。同时，教育活动的开展在极大程度上突破了时空限制，教学不必非在课堂中进行，学生在家中就可以接收到教学信息。

3. 信息系统的智能化。借助人工智能技术，智能化的教育信息系统被开发出来，教师一部分重复而繁杂的脑力劳动可以由智能教育信息系统替代，这无疑提高了教学效率。

4. 信息呈现多媒体化。教育信息的呈现形式影响着学生对教育信息的吸收，教育信息化背景下，以往单一的信息呈现形式向着多媒体化方向发展。枯燥乏味的知识通过生动形象的方式呈现在学生面前，学生的学习兴趣大大提高。

（5）学生地位主体化。长期以来，学生在教学活动中扮演着被动接受者的角色，这种被动接受式的学习方式甚至让学生忽视了自己才是学习的主人。信息化的教学方式改变了这种情况，学生可以通过智能教育信息系统主动获取所需的知识，还可以就自学过程中存在的问题在网络平台与教师、同学探讨。

# 第二章 韩语教育理论研究的重要手段
## ——韩语教学

随着中韩两国在经济、文化等领域的交流，我国掀起一股学习韩语的热潮，很多学校开始重视韩语教育理论研究，并注重韩语教学的具体实施。

## 第一节 韩语教学的影响因素

### 一、政策因素

一般而言，有关部门会从多个角度出发进行分析，从而制定出更为合理的韩语教育策略。对于具体的韩语教学而言，这些具体的目标可以让当前的教学活动更具有针对性，从而提高人才培养的质量。一般来说，我们可以从以下两个方面出发分析韩语教学的政策因素。

第一，韩语教学是我国人才建设的重要组成方面。在相关教学目标的指引下，韩语教师会着力提升学生的整体素质，显然这对于推动社会的发展会产生积极的促进作用。

第二，在国家相关政策的引导下，教师可以积极制订韩语教学的相关内容与目标，从而辅助自己教学的顺利开展，同时也能为国家培养出更多优秀的韩语人才。

### 二、教师因素

#### （一）教师的角色

在传统的韩语教学过程中，教师扮演的主要角色是知识的传授者以及教学的主宰者。然而，随着时代的发展以及教学理念的转变，韩语教师的角色与以往相比发生了极大的变化。就当前来看，大学韩语教师扮演的主要角色有教学资源的提供者，教学活动的组织者、促进者与参与者。

1. 教师是资源的提供者。各种教学活动的开展都离不开教师所提供的教学资源，这些资源包括韩语学习的背景知识、习题与答案、学习的范例等，优秀的教师总是在源源不断地为学生提供教学资源，帮助学生不断学习，不断成长。

2. 教师是教学活动的组织者。良好的组织工作是确保教学活动取得成功的关键性因素。教师在韩语教学中扮演着教学活动的组织者的角色，其主要任务是让学生对自己所要做的事情有明确的认识。为了完成这一任务，教师需要将具体的教学任务告诉学生，深化学生的认识，使学生明确开展活动及评价反馈的方法。

3. 教师是教学活动的促进者。在教学活动的开展过程中，学生会不可避免地遇到各种困难，当学生通过自身的能力无法解决时，教师需要为学生提供相关的信息，积极调动学生的学习经验，帮助他们形成新旧知识的联系，从而促进学生对新的知识体系进行构建。

4. 教师是教学活动的参与者。在韩语教学过程中，教师除了是组织者、促进者之外，还应当发挥参与者的作用，融入学生群体，拉近自身与学生之间的距离。

**（二）教师的素养**

1. 专业素养。较高的语言水平。大学韩语教师只有具备较高的语言水平，才能够有效地开展教学活动，培养出优秀的韩语人才。较高的语言水平不仅包括扎实的语言专业知识，还包括较高的语言技能。具体来说，韩语教师应当掌握丰富的韩语语音、语法知识和丰富的词汇量，以及优秀的听、说、读、写的能力。只有这样，韩语教师才能够对教材与教学内容进行全面的把握，并将丰富的韩语知识传授给学生。所以说，只有教师具备了较高的语言水平，才能够推动韩语教学活动的顺利开展。

全面的教学能力。大学韩语教师应当具备全面的教学能力，即传授和培养韩语知识技能的能力、教学的组织能力以及综合教学能力。其一，传授和培养韩语知识技能的能力，指的是教师在教学过程中应当积极采用多种方式对学生的学习进行指导，包括讲解、提问、启发、示范等；此外，教师还应当及时发现学生在韩语学习中存在的问题，并进行合理的解决。其二，教学的组织能力，指的是韩语教师在教学过程中，应当积极动员与组织学生集体开展各种课堂教学活动。其三，综合教学能力，指的是韩语教师除了要具备韩语教学所必需的语言能力之外，还应当具备唱歌、制作、绘画等多方面的能力。较强的科研能力。在当今时代背景下，大学韩语教师除了应当具备较高的语言水平与教学水平之外，较强的科研能力也是必不可少的。只有积极参与科研活动，不断提升自身的科研能力，韩语教师才能适应时代的发展需求，实现自我的发展与提升。

2. 师德素养。对于一名合格的教师来说，师德素养是至关重要的。只有具备了师德素养，教师才能够长久地保持对教育事业及学生的热爱。此外，师德素养还会对学生的成长产生非常深刻的影响。所以，大学韩语教师必须树立正确的世界观、人生观、价值观，坚定信念，树立远大的理想，以良好的精神面貌去感染学生、影响学生。

3. 人格素养。一名教师的综合素养如何，可以从他的人格素养得到较好的体现。大学韩语教师应当重视自身人格素养的提升，其中包括良好的思想道德素养、谦虚好学的品质、良好的自我认知、和谐的人际关系、健康的心理状态等诸多方面。其实，人格素养的各个方面并非独立存在的，而是彼此之间相互影响的，正是这些品质的综合作用，塑造了教师良好的人格素养。

## 三、学生因素

### （一）学生的角色

1. 主体。在大学韩语教学中，应当重视学生的主体性的发挥。在整个学习过程中，学生是学习行为的发出者，他们通过探索知识、发现知识、吸收知识以及内化知识等各种学习实践活动，构建自身的知识体系，促进自身世界观、人生观与价值观的形成。

2. 参与者。在大学韩语教学活动中，始终伴随着学生的参与。教师应当积极调动各种因素，激发学生的兴趣与求知欲，提升学生的参与度，培养学生的主动学习能力。学生也应当积极参与各种教学活动，充分调动自己的思维，思考问题、分析问题、解决问题，不断提升自己的综合能力。

3. 合作者。在韩语教学中，学生的学习始终伴随着与他人的交流互动，因此学生也扮演着合作者的角色。学生在与教师的合作以及与学生的合作中，不断获得自我的提升。

4. 反馈者。教学活动的成效如何，主要从学生的学习情况体现出来。因此，学生还是教学活动的反馈者。教师根据学生的表现来获知其对知识的掌握情况，并且以此作为依据来及时调整、优化教学内容与教学方法，进而不断促进教学水平的提升。

### （二）学生的个体差异

1. 学习潜能。学习潜能是一种学生所具备的学习能力的倾向，是就学习认知的层面而言的。换句话说，学习潜能也就是学生在韩语学习方面是否具有天赋。一般来说，学生韩语素质的提升依赖于学生综合能力的培养，而学生的韩语学习水平则可以通过学习潜能来进行测试。通常来说，学生的学习潜能主要涵盖以下四个方面的内容。

其一，是否具有对语言进行编码与解码的能力。

其二，是否具备对语言学习进行归纳的能力。

其三，是否具备学习语法的敏感性。

其四，是否具有学习所需的联想记忆能力。

值得注意的是，由于学生的自然禀赋存在一定的差异，因此在学习潜能上所体现出的差异也是非常明显的。这就要求大学韩语教师充分考虑学生的实际情况，制定针对性的教学策略，以满足不同学生的不同需求，进而最大限度地挖掘学生的学习潜能。

2. 智力水平。学生的智力水平同学习潜能一样，是就学生能够认知层面的能力而言的。一般来说，智力水平较高的学生通常具有较高的记忆力、观察力与想象力，能够进行抽象思维，较好地完成语言学习任务。在大学韩语教学中，学生的智力水平是影响教学效果的一个重要因素。

在大学韩语教学过程中，韩语教师首先要对学生的智力水平进行充分的了解，在此基础上选择合适的教学策略，引导学生进行韩语知识与技能的学习。与此同时，学生也应当充分把握自身的智力水平情况，找到适合自身的学习方法，不断提升韩语学习水平，培养自己用韩语进行交际的能力。

3. 学习动机。深层动机与表层动机。学生的学习动机有深层动机与表层动机之分。在韩语学习中，学生的学习动机不同，学习目标自然也就不同。一般来说，具有深层学习动机的学生非常重视自身韩语语言能力的提升，因此在学习韩语时对自己严格要求，充满学习热情，在学习方法的选择上也表现出科学性与多样性特点。而具有表层的学习动机的学生通常对韩语学习的积极性不高，学习所持续的时间也比较短暂，对自己的要求也相对较低。内在动机与外在动机。学生的学习动机还有内在动机与外在动机之分。通常情况下，具有内在学习动机的学生在学习时通常不会受到外在因素的影响。内在学习动机主要表现为对韩语学习充满兴趣以及对韩语学习持有端正的态度。而具有外在学习动机的学生通常是为了应对外界的压力而进行韩语学习，所以很容易受到外在因素的影响。

4. 学习风格。学生的学习风格根据不同的划分依据表现出多种多样的特点。通常来说，按照感知方式以及认知方式所进行的划分是比较常见的。

按照感知方式来分。按照感知方式的差异，学生的学习风格可以划分为听觉型、视觉型和动觉型三种。一般来说，听觉型学习风格的学生倾向于用耳朵来学习，在听的过程中，学生获得各种韩语知识，这类学生往往在教师的口头教学与听力教学中表现良好，但是在书面表达方面表现出很多不足之处。视觉型学习风格的学生倾向于用眼睛来学习，在看的过程中，学生获得相关的韩语知识，通过这种直观性的看的形式，学生能够形成对知识的清晰理解，这类学生通常在教师利用板书及多媒体开展的教学活动中表现良好，但往往对口头教学与听力教学表现出不习惯。动觉型学习风格的学生倾向于在实践中进行学习。学生在参与各项实践活动的过程中获取相关的韩语知识。这种类型的学生比较乐于参与一些具有挑战性的学习活动，并且能够从中获得快速的提升。

按照认知方式来分。不同的学生在认知方式上往往存在比较明显的差异，根据认知方式的不同，学生的学习风格可以划分为场依赖型与场独立型、整体型与细节型等。

场依赖型与场独立型学习风格是以学习者对自身情况的依赖程度为依据进行划分的。实际上，场依赖型与场独立型的学生在对信息进行处理的问题上，存在的倾向是截然不同的。一般来说，场依赖型学生很容易受到外在因素的影响，在学习中对教师与同学的依赖较强，通常很难独立进行思考或解决问题。但是，场独立型学生则不容易受到外在因素的影响，在学习中很少依赖他人，善于独立思考和解决问题。其实，大多数学生都不是完全意义上的场依赖型与场独立型风格的学习者，而是处于这两种风格之间。

整体型与细节型学习风格是根据学生接收信息的方式来进行划分的。通常来说，整体型学习风格的学生倾向于从整体的视角来分析、思考问题，自身的直觉性与模糊性比较强，但是在深刻性与准确性方面则存在不足。如果在学习中遇到困难，这类学生通常选择向他人求助。而细节性学习风格的学生通常倾向于把握与记忆一些比较具体的信息，善于从细节方面分析、思考问题，在遇到困难时，他们常常将问题划分为具体的细节来加以处理，较少依靠别人。

总而言之，学习风格对于大学韩语教学的影响是非常显著的，韩语教师应当充分把握学生的学习风格，根据学生的实际情况进行有针对性的学习指导，只有这样，才能不断提升韩语教学的质量。

## 四、环境因素

### （一）社会环境

所谓的社会环境指的是教学的外部环境，对于这些环境而言，都是可供教师以及学生使用的。

#### 1. 物质环境因素

在韩语教学中，物质基础显然是必需的，如果没有合适的学习场所，学生就无法展开正常的学习生活；如果没有丰富的图书资源，学生也就无法从书籍中汲取更多的知识。显然，良好的物质环境是有利于教师正常教学的展开的。

最近几年，随着现代信息技术的使用，教师可以将一些新的教学技术引入教学中，这就改变了传统呆板的教学模式，学生自己就可以根据自身的情况在自己合适的时间提前进行自学。在这个过程中，学生对已有的知识会产生更为深入的认知，可以说当前信息技术的发展为韩语教学的创新做出了积极贡献。

#### 2. 文化环境因素

在具体的教学过程中，我们一直是处于一定的文化环境中的，显然文化环境的不同就会影响处于这个环境中的人，就会对学生使用韩语的策略产生一定的影响。通过分析当前的情况，我们可以看出很多的学生都没有形成正确的韩语学习策略，并且很多学生仅仅利用课上的时间开展韩语学习，并且对教师的讲授展示出了很大的依赖性。

### （二）学校环境

#### 1. 教学设备

在学校的具体教学中，教学设备也是非常重要的。我们日常所见的很多东西都可以划入教学设备的范畴，比如实验楼、学生宿舍以及教学楼等是教学设备的重要组成部分，显然教学设备的质量会对当前的韩语教学产生极大的影响。

如果学校的教学设施比较好，那么学生就会拥有更强的学习意识，这也可以为学生韩语口语的训练提供一定的技术支持。在多媒体教室中，学生就可以通过自主训练提高自己的口语能力，这可以在一定程度上缓解学生的学习疲劳，从而使他们的学习兴趣得到更好地激发。

2. 教学信息

在当前的信息化背景下，学生的学习有了更多的渠道，与过去相比，学生知识的获得不仅仅可以来自课本，而且还可以通过网上获取。语言的习得与练习密不可分，对于韩语习得也是如此，学生要想掌握好课本中的知识，就需要多进行练习，这样才能不断提高自己的韩语水平。

# 第二节　韩语教学的基本原则

## 一、以学生为中心原则

在大学韩语教学中，以学生为中心是首要的原则。具体来说，以学生为中心就是教师所有的教学活动都应当以学生的学习为前提，时刻关注学生的学习情况，所有的学习任务紧紧围绕学生来安排。要做到这一点，教师应当对学生的学习需求与心理状态进行充分了解，在此基础上合理安排教学计划，选择科学的教学方法，以满足学生的学习需求。

具体来说，以学生为中心要求教师做到以下几点。

### （一）教材分析要以学生为中心

教师在分析教材时，应当对教学内容进行充分的理解，并根据学生的实际学习情况对教学目标及教学任务进行合理的调整；同时，教师应当在把握学生实际需求的基础上，对教材的内容与活动进行各种有效的处理，使教材真正与学生的学习需求相挂钩，从而更好地为教学活动服务。

### （二）教学方法和手段的选择要以学生为中心

教师在开展韩语教学活动时，应当重视教学方法和手段的选择，紧紧围绕学生这个中心来选取。一般来说，直观教学法能够使学生对语言形成直接的感受与理解，进而有效地激发学生的兴趣，这对于学生记忆的强化作用是非常明显的。形象化教学法则可以使学生的直觉思维得到很好地调动，在实际教学中，教师可以借助多媒体来达到满足学生好奇心的效果，使学生积极参与课堂教学。

### （三）教学活动的设计与组织要以学生为中心

在设计与准备教学活动的时候，教师应当对学生的特点、知识掌握情况、学习兴趣等方面进行充分的了解，这样才能使教学活动适合学生的学习特点，满足学生的多元化学习需求，进而促进教学目标的顺利达成。

## 二、输入优先原则

在大学韩语教学中，应当遵循输入优先的原则。输入与输出，指的是学生通过听与读的方式来接触韩语语言，获得韩语知识，并且通过说与写的形式将语言表达出来。通常来说，学生所输入的语言量越大、质量越好，最终输出的内容也就越好。所以说，韩语的输入是输出的前提与基础。

一是可理解性。这里所说的可理解性指的是对于所输入的语言材料的理解。

二是趣味性与恰当性。这一特点要求学习者在对语言材料进行输入的同时产生兴趣。

三是要保证足够的输入量。对于外语教学来说，这一点是非常重要的，但是就当前而言，其所引起的重视度并不高。

在大学韩语教学中，教师要坚持输入优先的原则，应当重点关注以下几点内容。

其一，在输入内容与形式方面要注重多样化。内容可以来自各种材料，形式可以是文字、图像，也可以是音频、视频等。

其二，教师要综合运用多种手段，为学生提供更多接触韩语的机会，不断增加学生的可理解语言输入，与此同时，教师还应当突破课堂教学的限制，引导学生在课外时间通过多种形式开展韩语语言的学习，从而扩大学生的韩语语言学习范围，增加语言输入，进而促进韩语能力的提升。

其三，重视学生理解能力的培养。在为学生提供韩语语言学习材料的时候，应当充分考虑学生的实际学习需求，并且注重学习内容与形式的可理解性与趣味性。对学生输入的韩语语言材料应当与学生自身的学习水平相一致，重视学生对输入材料的理解，而对于学生的输出情况则不必做过多的要求。从教学方法的角度来说，这也是一种坚持输入优先原则的表现。但是，需要注意的是，单纯依靠语言输入很难从根本上促进学生韩语综合能力的提升，除此以外，说韩语与写韩语也是非常重要的。

其四，鼓励学生进行语言模仿。需要强调模仿的有效性，重在对生活中的真实情景进行模仿，并且应当对语言结构所表达的具体内容给予更多的关注。也就是说，让学生进行语言模仿的最好方式就是鼓励学生在具体的情境中对所模仿的语言进行使用。

## 三、灵活多样原则

### （一）灵活多样的课程设置

在长期以来的大学韩语教学中，教师往往处于中心位置，学生的个性差异与个体需求都没有得到足够的重视，这在很大程度上限制了韩语教学水平的提升。实际上，大学韩语教学仅仅依靠必修课的形式来开展是远远不够的，还应当以选修课为辅助，在课程的设置上注重灵活性与多样性，这样才能充分满足学生的个性化需求，促进学生韩语综合能力的提升。

因此，在大学韩语教学中应该开设多种形式的选修课，如韩语文学选读、韩国社会与文化，这些选修课应当在所有的年级都开设。在教学模式上，主要采用任务型教学，通过多元化的手段使学生更多地了解韩语国家的文化背景知识。在选修课程时，要给予学生充分的自主权，使学生根据自身的兴趣与需求加以选择。

开设形式多样的韩语选修课，对学生来说是一种非常好的提升韩语能力的方式。同必修课相比，选修课更具有趣味性、实践性与探索性，因此更能够激发学生的学习兴趣。必修课与选修课之间相辅相成，缺一不可，共同促进学生韩语综合能力与韩语教学水平的提升。

### （二）灵活多样的教学模式

随着信息技术的飞速发展，多媒体辅助教学已经成为大学韩语教学的一种重要形式。在多媒体的辅助之下，韩语教学突破了传统的以教师讲授为主的单一的教学模式，实现了传统的课堂教学与网络教学的有机结合，这是对韩语个性化教学模式的一种崭新的探索。多媒体的辅助，不仅在很大程度上使韩语教学突破了时间与空间的限制，使教学内容与教学形式呈现多元化发展的趋势，而且教师也可以利用多媒体针对学生的实际需求制订针对性的教学计划，并为学生提供丰富的教学资源，使学生沉浸在一种多维的韩语教学环境之中，从而充分融入韩语教学活动之中，发挥自身的主观能动性，不断促进韩语学习水平的提升。

在韩语多媒体教学模式中，学生的角色较以往发生了很大的改变。在整个教学过程中，学生自主地对学习任务进行设计，并积极参与学习活动，与他人进行合作学习，最后对自己的学习情况做出评价。教师则主要是对学生进行指导与帮助，教会学生有效的学习方法，培养学生自主学习的能力，从而使学生的自主性与创造性得到充分的发挥。事实证明，这种崭新的教学模式有效地培养了学生的主动学习能力、韩语综合能力，促进了学生创新意识的形成，使学生的学习个性得到了充分的展现。

### （三）灵活多样的课堂活动

在大学韩语教学中，课堂交互活动的影响力是不容忽视的。因此，教师应当重视为学生创设灵活多样的课堂活动。在创设活动时，教师要充分考虑学生的学习特点与学习水平，力图使课堂活动最大限度地满足学生的多样化需求。韩语课堂教学具有非常强的实践性，学生所掌握的韩语最终也是要应用于实践之中，所以教师应在重视学生课堂听课的同时，为学生创设灵活多样的课堂活动，强化学生的课堂实践。

韩语课堂活动的形式不拘一格，可以是大班活动，也可以是小组活动，还可以是结对子活动。学生通过参与活动，使自己已经输入的韩语语言知识在课堂活动中得到输出，从而将韩语语言的输入与输出有机地统一起来，进而促进学生韩语应用能力的提升。多样化课堂活动的创设不仅将韩语教学的各个部分有机地结合起来，使学生更快、更好地掌握韩语知识和技能，而且能够在很大程度上促进学生思维的发展，培养学生的创新意识与自主学习能力。

### （四）灵活多样的评价方式

在大学韩语教学中，对学生进行评价时也应当重视评价方式的灵活多样。具体来说，应当将学生对于韩语语言知识与技能的实际应用情况作为评价的重点，既重视对学生学习过程的评价，又重视对学生学习结果的评价，使形成性评价与终结性评价有机地统一起来。在评价时，不应单纯以教师的评价为依据。除以之外，还要关注小组评价、他人评价以及学生的自我评价，形成一种开放的、多层面的评价体系。这样的评价方式能够为学生创造一种宽松、民主的学习氛围．进而促进学生学习能力的提升。

在韩语学习的考核方面，教师也应当重视多样化方法的运用。除了采用传统的笔试与闭卷考试之外，还要结合面试以及开卷考试，对学生的知识掌握情况进行全面的了解。由于韩语是一门语言学科，因此采用面试考核的形式是一种非常好的方法，在实际操作中，应根据实际情况进行灵活的变通，可以让学生自己陈述，也可以两人为一组进行对话，还可以采用多人对话的形式。总而言之，在考核形式的应用上，教师要根据具体的情况进行灵活的选择。

除此以外，教师在进行命题的时候，仍然要注意灵活多样。通常来说，在题型的设置上要全面一些，考核的内容应当覆盖所学的知识点，并且侧重于主观题的考核，目的就在于为学生提供更多展现自己的机会，使学生的思维得到充分的扩散。

综上所述，灵活多样的原则对于韩语教学来说具有非常重要的意义，在教学中坚持这一原则不仅能够有效地提升韩语教学水平，而且能够培养学生的综合学习能力，因此韩语教师对于这一原则应给予足够的重视。

## 四、真实性原则

所谓真实性原则，是指大学韩语教学应当体现出韩语真实的使用环境。这一原则要求韩语教师在对教学内容进行设计时，充分考虑韩语国家的社会文化与交际情境，以使学生获得更多使用韩语的真实环境。

具体来说，在教学中，教师将对学生的韩语综合能力培养作为总体的目标，运用任务教学法与交际教学法开展各种教学活动，为学生创造各种使用韩语的交际情境，促进学学语能力的提升。在教学中，教师通常需要注意以下两点。

### （一）把握真实语言运用目的

语言交际总是伴随着一定的目的来进行的，要从根本上提升学生的参与性，提升学生的语言运用意识与能力，最根本的是要把握真实的语言运用目的。

### （二）采用语用真实的教学内容

语言教学同其他学科相比，具有自身的特殊性，韩语教学自然也是如此。因此．在韩语教学中，教师应当重视采用真实的教学内容。除了要对教材的内容进行充分的讲解之外，教师还要选取一些相关的语言材料加以讲解。

## 五、交际性原则

韩语是一门实践性较强的工具性学科，因此其教学的根本目标就是培养学生运用韩语进行交际的能力，所以大学韩语教学的开展应当遵循交际性原则。通常来说，在大学韩语教学中教师应当重视以下两个方面。

### （一）重视韩语教学的交际工具作用

韩语是一种进行语言交际的重要工具，教师在韩语教学中应当重视其作为交际工具的作用。从根本上来说，韩语教学就是要使学生了解并且掌握韩语这种交际工具。具体来说，在韩语教学中，教师的教学应当将交际性作为教学目的．学生的学习也应当将交际性作为学习目的。在课堂上，教学活动应当重视对学生的韩语语言进行反复训练，以促进学生韩语交际能力的提升。

在大学韩语教学中，教师应当积极为学生创造使用韩语进行交流的机会。具体来说，教师可以运用各种教学辅助工具，创设一定的韩语情境，使学生融入情境之中，用韩语进行交际。这不仅能够激发学生的参与兴趣，也能够有效地提升学生的韩语语言应用能力。

### （二）重视语言教学的生活性

从根本上来说，大学韩语教学最终是为学生的生活而服务的，所以教学中应当对生活性给予足够的关注。具体来说，教师在教学过程中，可以选择一些学生日常生活中比较感兴趣的内容同教学内容结合在一起，吸引学生的注意力，从而激发学生参与韩语学习的兴趣，促进学生韩语水平的提升。

# 第三节 韩语教学的常用方法

## 一、情境教学法

### （一）情境教学法解读

所谓的情境教学法指的是借助特定语言相关的情境，把语言与知觉、思维等联系起来，最终实现教学目标的一种方法。所谓的学习情境指的是在学习的过程中，借助于想象、口述等手段促使获得的知识更为高效，通常来说，这样的情景是随着时代的发展而不断发展的。

情境教学法的基础就是语言情境和视觉情境。在不同的环境中，针对不同的对象，语言和词汇具体性的含义也是不同的。在开展语言教学实践时，我们可以使用一些图片、动作等，这样可以促使学生更为迅速地了解其含义和使用的方法。

**（二）使用情境教学法的原则**

第一，教师是教学的主导，学生是教学的主体。在实际的情境教学中，教师应秉持以学生为中心的原则来开展教学活动。教师所创建和设计出来的情境要符合学生的需要，在教学的过程中，要把学生当作活动的主体，对于学生的评价主要看学生的表现。除此之外，还有一点需要明确的是，情境创设仅是实现教学目标的工具，而不是教学本身。

第二，在教学的过程中要开展充分的互动。建构主义的教学理论认为，学习的过程实际上就是对知识进行建构的过程。在对知识进行建构的过程中，学习人员需要反复学习信息资源，在反复的学习中，才能对知识进行内化。这个反复接触的过程实际就是一个互动的过程，而学习者的主体性和必要的环境支持是此互动过程得以准确有效的基础。学习者通过必要的环境获得更多的互动机会来巩固和提升学习效果。

第三，坚持自主性原则。对学生主体性的意识进行强调，促使学生在情境教学中对角色、情节等进行自主性地设计。从一方面来说，教师可以通过各种各样的教学手段不断提高学生学习的积极性和主动性，激发学生的学习动机，促使学生进行自我展示；另一方面，教师需要将教学与情境紧密结合起来，以教材为基础，进行情景教学，充分体现和发挥情境作为教学工具为教学服务的目的。

**（三）情境教学法在韩语教学中的应用**

1. 通过真实逼真的活动，为韩语学习创造机会

韩语教学要求学习人员开展语言文化的相关实践，因而在教学过程中，教师不能还是采用传统意义上的教学方式，自己主导课堂教学，学生只是被动学习，而是让学生更多地参与到教学中。在韩语的情境教学中，要积极营造与学生的工作、生活相适应的学习环境。在现代化的信息时代，外语教学的资源越来越丰富，在韩语的教学中，可以采用多媒体和网络技术，把语言的学习通过视频或者音频等方式展现出来，还要积极创建仿真的环境和虚拟化的情境，推动外语学习场景的建立，不再只是抽象地讲解理论，而是把学生学习的积极性和主动性有效地调动起来．促使学生以尽可能快的速度投入学习之中，最终促进学生学习兴趣的提高。

2. 创设问题情境，重视启发式教学

要想学好外语，就需要营造一定的学习环境。在课堂的教学中，教师需要多提出问题，学生需要针对教师的提问多思考。学生可以自己查找资料，还可以和其他学生进行讨

论，从而找到问题的答案。教师还要积极营造广泛参与的学习氛围，采用灵活的讲课方式。学生可以借助各种各样的形式积极参与到教学中，教师引导学生把自己的观点表达出来，并对此进行指导和点拨，把学生追求知识的欲望激发出来，让学生成为学习的主体，最终促进其语言表达能力和处理问题能力的增强。启发式教学的组织形式主要包括情境对话、角色的转换、游戏等。

3. 创设韩语教学的文化情境

我们都知道，语言实际上是一种社会化的现象，蕴含着非常丰富的文化背景。在韩语的教学中，我们要营造丰富的语言文化环境，促使学生在语言环境的熏陶下培养语言感知能力。学校可以积极组织针对韩语的学习社团和实践性的社团，不断丰富学校的文化环境，让学生有更多的机会参与到韩语的学习中。

## 二、行动导向教学法

### （一）行动导向教学法的概念

我们还可以把行动导向叫作行为导向、实践导向，这是一种比较新型的职业教育的理念和方案。这一新型的职业教育理念是在 20 世纪 80 年代兴起来的。在德国，行动导向教学已经得到了越来越多人的认可和接纳。行动导向教学的主要形式就是用行动导向进行驱动，在开展教学的过程中，首先由教师进行精心的设计，然后对学生进行有效的引导，把学生的主体性作用发挥出来，让学生把手、脑、心和身体充分地调动起来以获取知识和技能，从而有效地解决问题，让学生自己完成学习的相关任务，最终促进教学目标的实现。在韩语的教学中，行动导向教学法可以把学生学习韩语的兴趣激发出来，促使学生积极主动地学习韩语，最终提高学生综合性的素质。

### （二）行动导向教学方法实施

1. 现代教学技术手段教学法

借助各种各样现代化的教学手段，积极构建具有专业性的学习化网络，借助于网络进行交流和讨论。另外，还可以对学校内部和外部的实习基地的各种资源进行有效的利用，积极开展韩语知识的相关讲座，还可以邀请韩国的学生与本校的学生开展交流，这样就可以促使学生更好地把理论和实践有效地结合起来。

2. 课内外实践活动教学法

对教学的内容进行解读，鼓励学生积极参加各种各样的关于韩语的实践活动，让学生对韩语知识中的趣味性有较深刻的体验，最终融入韩语的学习中。

3. 角色扮演教学法

把学生分成几个小组，然后让其扮演韩剧中的角色，促使学生在角色扮演的过程中充分利用自己所学到的韩语方面的知识，这样既可以提高学生的学习能力，还可以让学生对韩语产生兴趣。

**4. 任务行动导向教学法**

在教学内容的基础上设计专题性的活动，让学生自己设计促销性的活动。在这个过程中，学生可以对自己所学过的专题性的知识进行积极运用，搜集相关的内容和资料，然后分小组进行探究和讨论，找到解决问题的方法，这样既可以让学生更好地认识课程性的知识点，还可以知道怎样搜集信息。

## 三、交际教学法

### （一）交际教学法的概念

所谓的交际教学法指的是，在认知主义的教学法中，对于语言能力的抽象化的概念进行质疑，并且把交流和沟通当作目的。这样一种教学法把学习人员之间的沟通和交流当作主要目标，借助说话人员的意图性行为和倾听人员的解读行为来促进整个过程的完成，可以说是现代化的外语教学中非常具有代表性的一种教学方法。

交际教学法，不仅能培养学生的语言能力，而且还能锻炼学生的交际能力。它的理论基础主要来源于社会语言学、心理语言学和转换生成语法。交际语言教学理论最显著的特征是强调对学生交际能力的培养。它打破了传统教学方法的局限，即重视形式、轻视内容，重视语言系统成分学习、轻视语言实际应用等，能够真正反映语言的交际功能。

### （二）交际教学法的特点

交际教学法有着其自身非常鲜明的特点，主要涵盖了以下三点。

**1. 学习内容的广泛性**

交际教学法的学习内容非常广泛，在对其学习内容进行选择时，我们既需要了解语言学的基本标准，还需要对学生的意愿有所了解，选择的学习内容还要把学生的学习兴趣、目的等当作标准。

**2. 语言使用的流畅性**

文法翻译教学法关注的点是语言的使用要非常准确，但是交际教学法关注的点是语法和词汇的使用要流畅。在进行语言教学时，我们要使用比较真实和生动的日常生活用语来沟通和交流。

**3. 学习方式的多样性**

在交际教学法中，教师和学生的交流占据非常重要的地位。因此，我们要把学生学习的主动性放在重要位置。学生可以积极参加角色剧、游戏等活动来扩大语言的使用频率。

### （三）交际教学法在韩国语听力教学中的应用

在交际教学法中，最主要的是学生，教师只是发挥辅导性的作用，可以使用有效的交际教学方式推动学生非常灵活自如地对目标语言进行运用，实现沟通的目标。在真正开展韩语听力教学的时候，我们可以通过以下这几个步骤来对交际教学法进行运用。

1. 有效的背景知识介绍

在真正开展听力训练之前，教师可以先导入课本的相关知识，并且把这一节课的主题涉及的背景知识都准确地讲出来，这样的话，学生在开展听力训练时就可以尽可能地减少非语言性的因素的干扰。与此同时，借助于背景知识，教师可以提出一些和课程相关的问题来让学生讨论，还要鼓励学生针对相关的结果进行推测。

2. 高效的语言听说训练

在开展听力训练时，教师要对课堂上的时间进行充分的利用，这样可以开展有效的训练。在听说的训练中，学生可以一边听课一边做笔记，把听力材料中比较核心的词汇记录下来，当听力训练结束之后，学生还可以把这些核心词汇扩展开来。当学生出现错误时，教师可以使用比较委婉的方式对其进行引导，既提高了学生的学习热情，也提高了学生的学习自信心。教师还可以使用简单而通俗的语言来解释听力材料中的难点，并且还要再一次播放听力材料的相关内容进行核实。

3. 对听力内容进行分组讨论

在韩语听力教学中，如果使用交际教学法，教师可以把学生分成几个小组，每个小组三到五人，当听完听力材料后，可以对材料中的内容进行分组讨论。在讨论的过程中，每个小组都要把自己小组成员的观点记录下来，进行归纳和整理，与此同时，还要把这个小组核心性的观点总结出来，并派出一位代表把自己小组的观点表达出来。

在小组内开展讨论，既可以锻炼学生的口语表达能力，还可以对学生的逻辑思维能力进行锻炼。所以，在进行分组讨论的时候，教师不能只是盯着学生使用的语言是不是准确，更多的是要鼓励学生勇于表达自己的想法和观点，对学生语言表达的流畅性和讨论的积极性给予高度的重视。

4. 对听力内容进行准确的概括和解析

当学生分组讨论结束后，教师可以对学生分组讨论的结果进行总结性的评价，并且要非常准确地解释和概括听力的内容。除此之外，教师还要在上课之前充分备课，对于学生忽略的一些重点和难点进行引导性发现和尝试性解答。这样的话，学生可以更好地记忆这一部分的内容，还可以让课堂更加具有气氛，最终提高教学的效果。

5. 通过角色扮演的方式对所学内容进行充分的应用

当听力活动结束以后，还要对听力的内容进行强化性的训练，并且灵活地运用所学内容，最终促使学生全部掌握所学内容。就目前的情况看来，在语言的教学活动中，角色扮演是最为常见的一种活动形式。学生可以对不同的角色进行扮演，从而对听力材料中的情景进行体会，进而理解听力材料中的相关内容。除此之外，在角色扮演的过程中，学生还可以对所学的语言知识进行较为充分的运用，并且自由发挥。借助于角色扮演，学生可以强化对自己所学知识的运用，这样既能提高学生课堂学习的积极性，又能增强学生使用韩语进行沟通的能力，最终有效地进行韩语的听力教学。

6. 对所学内容进行及时有效的反馈

交际教学法和其他的教学法相比较，有一个非常明显的特征，那就是及时和有效地对所学习的内容进行反馈。当所有的听力活动都结束后，教师可以对整节课程的内容进行总结和归纳，并指出其中的重难点。与此同时，还要解答学生存在疑问的地方，确保整个听力活动的顺利结束。

## 四、任务型教学法

### （一）任务型教学法的内涵

所谓的任务型教学法指的是，要根据交际需要把语言学习的任务确定下来，促使学生在完成各个任务的过程中对语言有较好把握的教学法。任务型教学法把意义当作中心，把完成交际的任务当作目标，通过交流、合作等学习方式，让学习人员在完成任务的过程中把自身的认知能力充分地发挥出来，把自身本来就有的资源激活，进而获取新的知识和新的技能。

任务型教学法需要学习人员在完成任务的过程中更好地应变和决策，把学习人员的主体性充分地体现出来，培养其进行独立思考的能力以及有效解决问题的能力。所以，我们可以这样定义任务型韩语教学法，就是把韩语的学习任务当作中心的教学法，借助韩语的沟通和交流等方式，促使学习人员完成依据学习需要所设计出来的教学任务，让学生借助于语意的表达来完成已经定下来的目标，最终促进真正的跨文化交际的实现。

### （二）任务型教学法的特点

1. 以任务组织教学

任务都是有目标的，不只是要达到预期的开展语言教学的目的，还要达到一定的除教学以外的目的。

2. 通过交流来学会交际

任务可以推动学习人员的人际交往，因而任务必须具有一定的交际性和互动性。在交流与合作的过程中，学习人员可以使用交际的任务来推动学习的开展。

3. 在应用中学

在课堂内开展语言学习，在课堂外开展语言活动，二者要有效地结合起来，并不能只是单纯地开展语言学习和语言练习，这就促使语言教学要变成既有语境又有意义和交际目的的语言实践。

### （三）任务型教学法在韩语教学中的运用路径

1. 完善课程体系整合教学目标

在韩语的教学中使用任务型的教学法，就需要加强课堂上的教学，从而实现教学的目标。对于课堂上的学习任务要精心地进行设计，把课堂上的教学内容转变成针对学生的具体化的任务，促使学生自己独立地或者和其他同学合作开展合作式的学习，最终完成学习的任务，牢固地掌握韩语的相关知识，促进自身的语言应用能力的提升。当教师在使用韩语任务型教学法开展教学时，需要具备非常明确的教学目标，要在教学目标和教学任务的基础上开展课堂教学，只有具备了具体化的任务，才能产生相对应的目的。在开展韩语教学时，教师要非常及时地调整教学的目标和任务，在规定的时间内完成教学的目标。使用任务型教学法，首先要对任务进行一定的规划，促使学生明确自己的学习目标，真正把韩语学习转变为可以亲身体验的学习任务。其次，在安排学习任务时，一定要设置非常清晰的目标，这样可以提升学生使用韩语的能力，这就把学生的主体性地位体现出来了，学生不再是传统教学模式中的被动状态，教学模式进行了变革和创新，学生的主体性真正展现出来。最后，使用任务型教学方法，可以促进教师和学生的沟通和交流，激发学生进行探究的欲望，最终提高自身的领悟能力。

2. 设定教学情景创造良好条件

在韩语的教学过程中，运用任务型的教学法，就需要教师对教学的情景给予高度重视，有效地推动学习任务的开展。建立具体的学习情景，让学生在特定的学习环境中自觉主动地加入学习任务的完成过程。教师设定教学情景，能够有效提高学生学习兴趣，进而使学生对韩语课程的学习产生动力，积极主动地加入实践中，通过协作探讨来完成对应的学习任务。将任务型教学法运用到韩语教学中，要重视对学生的组织，确立具体的学习任务，逐一进行分配。

3. 结合实际情况明确学习目标

在韩语教学过程中，运用任务型教学法要重视将教学内容划分成各个学习任务的分配过程，要掌握学生的实际情况及真实需求，建立适合学生特点及能力的学习任务。因此，教师在安排学习任务时，要确立学习的任务的目标，让学生根据具体的目标进行学习、展开探讨，从而在完成任务的过程中，掌握全新的知识，提高相应的能力。而对于教学任务来说，教师要确立教学目标，保障学生在完成学习任务期间，可以按照课程标准，提出讨论及合作式探索中的难点问题，并对其进行全面分析，为学生后面知识的学习打好基础，做到收放有度，将学习任务的完成过程有效转变成学习难题的解决过程，经过自身的不断努力与深入剖析，有效解决各种学习任务中所隐藏的问题。

4. 分配师生角色贴近实际生活

韩语教学在运用任务型教学法时，要充分掌握师生之间所担任的角色，合理安排彼此在教学过程中的角色，要明确教师是教学的主体，是学习的引导者，无法取代学生在学习任务中的主体地位。在韩语教学中强调教学内容与实际生活融合，能够提高韩语教学的实效性。在教学过程中，针对韩语教学内容，从理论及实践两方面来看，要重视理论与实践相结合的教学。而对于教学内容来说,在设计中则要重视其与学生日常实际生活的靠近,使学生感同身受,深化知识的理解,从而实现理论与实践的结合。

# 第四节　当前韩语教学的境遇

## 一、韩语教学的内部优势与外部机遇

### (一) 韩语教学的内部优势——韩语专业的发展

随着专业设置的不断完善,韩语专业的地位逐渐提升,影响力逐渐加大,是外语专业中最具发展潜力的专业之一。近年来,学校对韩语专业的重视程度和扶持力度不断加强,韩语专业的课程体系愈加完善,在教学的各个方面都有了显著的提升和进步。

另外,学校还针对韩语专业的就业方向,对该专业进行了细分,设置了应用韩语、商务韩语等诸多不同专业,增强人才培养的针对性,从而促进学生更好、更快地就业。

### (二) 韩语教学的外部机遇

1. 中韩交流的深入

随着全球经济一体化和国际化的深入,越来越多的国家认识到在经济和社会的发展中,国际交流的重要性,国家和国家之间的交流也越来越频繁,不论是交流的内容,还是交流的范围都在逐渐扩大。近年来,我国和韩国的交流越来越多,交流内容也更加丰富,交流形式也更加多样。日益频繁的中韩交流,给韩语专业的发展带来良好的契机,扩大了其教学规模,让更多韩语专业的学生有了就业的机会。

2. 小语种热的影响

社会的经济结构不断发展,与此同时,就业市场也在不断变化,人们的选择观念和倾向也相应地产生不同程度的改变。在这些小语种专业中,韩语专业可以说很受欢迎。近年来,韩语专业招生数量的不断增加、培养规模的不断扩大以及影响力的不断提高均表明韩语专业的热度,小语种热给其创造了重要的外部机遇。

## 二、韩语教学的内部问题与外部挑战

### (一) 韩语教学的内部问题

1. 课程体系有待完善

韩语专业作为当前众多外语专业中发展前景较好的专业之一,客观、科学地认识其境遇是十分有必要的,只有这样才能认识到其课程体系中存在的不足。

　　针对现在的韩语教学来说，其指导思想缺乏应用性，教学的目标也缺乏实效性以及对教材的过分依赖，这是韩语专业课程体系存在的主要问题。在语言类教学中，要想提高学生的交流能力和技巧，就必须注重教学的应用性和实用性，此外还要结合实际情况来设置专业，这样才会有优秀的教学和科学的评价。

　　2. 师资力量的挑战

　　在韩语的教学中，教师是其中比较重要的主体，因为不论是教学设计、教学实施，还是教学评价，都会受到教师素质的影响。一个教授外语的教师，既需要具备非常丰富的语言知识，还需要付出非常多的努力。

　　实践证明，当前我国的韩语教师师资力量相对比较薄弱，缺乏骨干教师。虽然年轻教师的创新力较强、工作劲头较足，但是教学经验不足，教师职称较低，在实际教学中可能会影响到其教学的积极性。所以，从这个角度来讲，要想提高韩语教学的质量，还需加强其师资队伍的建设。

　　**(二) 韩语教学的外部挑战**

　　1. 生源质量的挑战

　　近年来，随着我国高等教育事业改革的全面深入发展、学校办学规模的逐渐扩大，招生的数量每年都在上升，这在一定程度上对韩语教学产生了很大的挑战。

　　2. 就业形式的挑战

　　我国和韩国的交流日渐增加，两个国家在很多方面都存在合作，市场需求和教学的定位存在一定的偏差以及学生能力结构的限制，从总体上看，韩语专业的学生就业率并不尽如人意。也正因为如此，韩语专业的招生、教学等方面的工作的开展也受到一定的阻碍。

　　3. 中韩文化的差异

　　韩语教学的难题之一就是两国之间存在的文化差异。如何让学生在以中文为大环境的背景下形成韩式语言思维是韩语教学中的重点。所以，我国和韩国的文化差异也是影响韩语教学的重要因素。

# 第三章 高校网络化韩语教学模式的构建

网络化课堂教学模式的构建是现代教育技术快速发展和信息技术在教学中广泛运用的必然结果，其实施过程依赖于教师的信息化教学能力、学生的信息化学习能力和师生的评价能力。网络化课堂教学模式实现了信息技术与学科教学的有机融合，全面呈现了教学内容，改变了教师的教学方式和学生的学习方式，凸显了学生的主体地位和教师的组织和导学作用。本章就高校网络化韩语教学模式的构建进行深入研究。

## 第一节 韩语教学理论与信息技术的发展

### 一、韩语教学理论的发展

韩语教学理论的产生和发展是社会政治、经济、文化、教育等发展的结果。韩语教学理论受到哲学、心理学、社会学、人类学、语言学、信息科学等相关学科的影响，特别是哲学和语言学的影响。最早的韩语教学法是语法翻译法，它起源于古希腊罗马时期的修辞学。本书主要探讨现代韩语教学理论的特点及对韩语教学的影响。

#### （一）行为主义学习理论

行为主义学习理论又称为刺激—反应理论，是当今学习理论的主要流派之一。该理论认为，人类的思维是与外界环境相互作用的结果，即形成"刺激—反应"联系。行为主义学习理论应用在学校教育实践中，就是要求教师掌握塑造和矫正学生行为的方法，尽可能在最大程度上强化学生的合适行为，消除不合适行为。

行为主义学习理论的主要特征可体现在以下五个方面。

1. 学习者重视对语言现象的观察和模仿。这主要指学习者对教师以及周围环境，包括教材、音像材料等出现的语言现象进行观察。观察是语言学习的第一步，模仿是学习和掌握语言的基础。

2. 强调学习者反复的语言实践过程。为了形成这种语言习惯，学习者需要进行机械性的语言训练。这种训练形式通常是在一段时间内一遍又一遍地重复。

3. 学习理论强调在学习过程中对学习者的鼓励作用，即正向强化。当学习者取得一定成绩时，教师或者周围的人应该给予他们及时的鼓励。

4. 重视在具体的学习过程中，采用多元化的句型操练形式。这种语言操练的宗旨是使语言学习者有机会对目的语进行不间断的重复和实践。

5. 在语言学习的过程中，重视对学习者间隔性的刺激原则。这主要指有计划、有间隔性地使学习者接触到所学语言，能够不间断地为他们提供语言实践的机会。

### （二）多元智能理论

20 世纪 80 年代国外某大学认知心理学家提出了多元智能理论，他认为每个人都拥有语言智能、逻辑数理智能、空间智能、运动智能、音乐智能、人际交往智能、内省智能、自然观察智能这八种智能。其多元智能理论是对传统的"一元智能"观的有力挑战，在当前新课程改革中仍给我们诸多启示。

在人才观上，多元智能理论认为几乎每个人都是聪明的，但聪明的范畴和性质呈现出差异。我们要改变以往的学生观，用赏识和发现的目光去看待学生，只要正确引导和挖掘，每个学生都能成才。

在教学方法上，多元智能理论强调应该根据每个学生的智能优势和智能弱势选择最适合学生个体的方法。教师要关注学生差异，善待学生的差异，根据学生的差异，运用多样化教学模式，促进学生潜能的开发，促进学生成才。

在教育目标上，认为应该根据学生的不同情况确定每个学生最适合的发展道路。在教学形式上重视小组合作学习和讨论，以利于人际智能的培养。在教学环节上重视最后的反思环节，培养学生的内省智能。

多元智能理念指导下的韩语教学包含四个教学阶段：能力的感知，通过触、嗅、尝和看等多种感官经验激活各种智能；能力的沟通，通过接触他人、事物或特定的情景体验情感；能力的传授，在教学中传授学习方法与策略，把智力开发与教学重点相联系，激发学生的潜能；能力的综合运用，通过评估促进学生综合地运用多种智能，使每个学生都能自信地学习。

### （三）认知—发现说

20 世纪 60 年代，美国某认知学派代表发展了发生认识观点，提出"认知—发现"说。在他看来，学生的心理发展，虽然有些受环境的影响，并影响他们的环境，但主要是独自遵循他们自己特有的认识程序的。他认为，教育工作者的任务是把知识转换成一种适应正在发展着的学生形式，而表征系统发展的顺序，可作为教学设计的模式。由此他提倡使用发现学习的方法。发现学习的特征及其教学策略如下。

1. 强调学习过程

在教学过程中，学生是一个积极的探究者。教师的作用是要形成一种学生能够独立探究的情境，而不是提供现成的知识。认知—发现学习法强调，学生不是被动的、消极的知识接受者，而是主动的、积极的知识探究者。

**2. 强调直觉思维**

发现法强调学生直觉思维的重要性。直觉思维与分析思维不同，它不按照规定好了的步骤，而是采取跃进、越级和走捷径的思维方式的。所以，教师在学生的探究活动中要防止过早语言化，引导学生边做边想。

**3. 强调内在动机**

该认知学家重视形成学生学习的内在动机，或把外部动机转化为内部动机。他提出要形成学生的能力动机，就是使学生有一种求得才能的驱动力。通过激励学生提高自己才能的欲求，从而提高学习效率。

**4. 强调信息提取**

他认为，人类记忆的首要问题不是储存，而是提取。所以，学生如何组织信息，对提取信息有很大影响。学生亲自参与发现事物的活动，必然会用某种方式对它们加以组织，从而对记忆具有较好的效果。

**（四）建构主义**

建构主义强调学习者的认知主体作用，又不忽视教师的指导作用，建构主义学习观认为，学习不是被动接受信息刺激，而是主动地建构意义，是根据自己的经验背景，对外部信息进行主动地选择、加工和处理，从而获得自己的意义。外部信息本身没有什么意义，意义是学习者通过新旧知识经验间反复、双向的相互作用过程建构而成的。

明确"以学生为中心"，这一点对于教学设计有至关重要的指导意义，如何体现以学生为中心可以从三个方面着手去做：要在学习过程中充分发挥学生的主动性；要让学生有多种机会在不同的情境下应用他们所学的知识（将知识"外化"）；要让学生能根据自身行动的反馈信息来形成对客观事物的认识和解决实际问题的方案（实现自我反馈）。以上三方面即发挥首创精神、将知识外化和实现自我反馈，可以说是体现以学生为中心的三个要素。在教学过程中建构主义包括以下四个方面。

**1. 强调"协作学习"对意义建构的关键作用**

建构主义认为，学习者与周围环境的交互作用，对于学习内容的理解（即对知识意义的建构）起着关键性的作用。这是建构主义的核心概念之一。学生们在教师的组织和引导下一起讨论和交流，共同建立起学习群体并成为其中的一员。通过这样的协作学习环境，整个学习群体可以共同完成对所学知识的意义建构。

**2. 强调对学习环境的设计**

建构主义认为，学习环境是学习者可以在其中进行自由探索和自主学习的场所。在这一过程中学生不仅能得到教师的帮助与支持，而且学生之间也可以相互协作。在建构主义学习理论指导下的教学设计应是针对学习环境的设计而非教学环境的设计。教学意味着更多的控制与支配，而学习则意味着更多的主动与自由。

3. 强调利用各种信息资源来支持"学"

为了支持学习者的主动探索和完成意义建构，在学习过程中要为学习者提供各种信息资源。利用媒体和资料并非用于辅助教师的讲解和演示，而是用于支持学生的自主学习和协作式探索。对于信息资源应如何获取、从哪里获取以及如何有效地加以利用等问题，是主动探索过程中迫切需要教师提供帮助的内容。

4. 强调学习过程的最终目的是完成意义建构

在建构主义学习环境中，强调学生是认知主体、是意义的主动建构者，所以是把学生对知识的意义建构作为整个学习过程的最终目的。教学设计通常是从如何创设有利于学生意义建构的情境开始，整个教学设计过程紧紧围绕"意义建构"这个中心展开。

## （五）人本主义学习理论

人本学派强调人的尊严、价值、创造力和自我实现，把人的本性的自我实现归结为潜能的发挥，而潜能是一种类似本能的性质。人本主义的最大贡献是看到了人的心理与人的本质的一致性。该学派的主要代表人物是马斯洛和罗杰斯。人本主义的教学观是建立在其学习观的基础之上的。罗杰斯从人本主义的学习观出发，认为凡是可以教给别人的知识，相对来说都是无用的；能够影响个体行为的知识，只能是他自己发现并加以同化的知识。教师的任务是为学生提供各种学习的资源，提供一种促进学习的气氛，让学生自己决定如何学习。

罗杰斯认为，促进学生学习的关键在于特定的心理气氛因素，这些因素存在于"促进者"与"学习者"的人际关系之中。罗杰斯认为，促进学习的心理气氛因素有：真实或真诚，学习的促进者表现真我，没有任何矫饰、虚伪和防御；尊重、关注和接纳，学习的促进者尊重学习者的情感和意见，接纳作为一个个体的学习者的价值观念和情感表现；移情性理解，学习的促进者能了解学习者的内在反应，了解学生的学习过程。在这样一种心理气氛下进行的学习，是以学生为中心的，"学生"才是学习的关键，学习的过程就是学习的目的之所在。罗杰斯等人本主义心理学家从他们的自然人性论、自我实现论出发，在教育实际中倡导以学生经验为中心的"有意义的自由学习"，对传统的教育理论造成了冲击，推动了教育改革运动的发展。

人本主义学习理论的缺陷在于：过分强调学生的中心地位，影响了教育与教学效能。人本主义学习理论主张以学生为中心，忽视了教学内容的系统逻辑性和教师在学科学习中的主导作用。我们提倡在宽松、自由的学习气氛中去学习教学计划规定的教学内容。而且要求学生在不影响自己与别人学习的前提下，体现学生的自由、学习的精神，但必须遵守必要的规章制度，真正做到既乐于学习又会学习，既自由又受纪律制约，以适应当前的学习与未来的生活。

过于突出学生个人的兴趣与爱好，低估社会与教育的力量。人本主义学习理论对满足学生个人自发的兴趣和爱好上过于重视，忽视了良好的社会与学校教育对他们健康发展的作用。教育措施必须符合儿童心理发展水平，必须有利于儿童潜能的开发，使其在良好的社会教育和自我教育的条件下，提高原有的智能水平，培养成为德、智、体全面发展的人。

## 二、信息技术的发展

信息技术是主要用于管理和处理信息所采用的各种技术的总称。它主要是应用计算机科学和通信技术来设计、开发、安装和实施信息系统及应用软件。它也常被称为信息和通信技术。

### （一）信息技术教育的概念与内涵

信息技术教育有两个方面的含义：一方面是指学习与掌握信息技术的教育；另一方面是指采用信息技术进行教育活动。前者从教育目标与教育内容来理解信息技术教育；后者则从教育的手段和方法来理解信息技术教育。由此，可对"信息技术教育"作以下定义：信息技术教育是指学习、运用信息技术，培养信息素质，实现学与教优化的理论与实践。该定义值得注意的几个问题如下。

1. 信息技术教育包括理论与实践两个领域。理论领域指信息技术教育是一门科学，是现代教育学研究的一个新分支，又具有课程教学论的一些特征，具体包括概念体系、理论框架、原理、命题、模式、方法论等研究内容。实践领域指信息技术教育是一种教学活动、工作实践和教育现代化事业，具体包括信息技术的软硬件资源建设、课程教材的设计开发、师资培训、教学中各种信息技术的综合运用、学习指导、评价与管理等。

2. 信息技术教育的本质是利用信息技术培养信息素质。这里所说"利用信息技术"只是一种手段和工具，最终目的是培养学生的信息素质，以适应信息社会对人才培养标准的要求。信息素质是指人所具有的对信息进行识别、加工、利用、创新、管理的知识、能力与情操等方面基本品质的总和，是人的一种基本生存素质。为此，应明确信息技术教育的指导思想：不只是为了让学生掌握信息技术知识而开展信息技术教育，而是通过信息技术教育，全面提高学生的信息素质。

3. 信息技术教育的途径与模式有多种。除采用学校课堂教学模式外，还可采用课外活动模式、家庭教育模式、远程协作学习模式。其中，基于项目活动的教学模式能较好地解决理论知识与实践技能、学习竞争与协作的结合问题，能有效地培养学生的信息素质，是一种非常实用的学校信息技术教育模式，值得推广。

### （二）信息技术发展的趋势

1. 人工智能

人工智能是研究、开发用于模拟、延伸和扩展人的智能的理论、方法、技术及应用系统的一门新的技术科学。"人工智能"一词最初是在 1956 年达特茅斯学会上提出的，其研究范畴包括语言的学习与处理、知识表现、智能搜索、推理、规划、机器学习和知识获取等。人工智能在韩语教学研究中的一个重要领域是机器翻译和智能控制。

2. 物联网

1999 年，美国麻省理工学院自动识别中心提出网络化无线射频识别系统，利用信息传感设备将物品与互联网连接起来，实现智能化识别和管理。物联网指通过信息传感设备，按照约定的协议，把任何物品与互联网连接起来，进行信息交换和通信，以实现智能化识别、定位、跟踪、监控和管理的一种网络。它是在互联网基础上延伸和扩展的网络。

3. 云技术

云技术是分布式计算技术的一种，其最基本的概念，是通过网络将庞大的计算处理程序自动分拆成无数个较小的子程序，再交由多部服务器所组成的庞大系统经搜寻、计算分析之后将处理结果回传给用户。云技术如果投入到韩语教学中使用，将会带来以下好处。

（1）超大规模。云的价值在于通过合并计算资源，实现资源的最大化利用。比如：学院可以通过部署服务器，取代学生的计算机主机，将所有主机整合为一个云系统，能够将资源最大化利用。

（2）虚拟化。虚拟化后，教师给学生分配的不再是真实机器，而是根据需要配置对应性能的虚拟机，管理上也减轻了学院工作量。

（3）高效可靠性。云技术将所有核心资源都统一到系统里，分布式系统的特性决定了云技术比传统方式有更高的安全性，学生和教师端如果出现设备故障，可以快速更换模块化，甚至教师、学生使用自己的手机、平板计算机作为终端设备。云系统端可以实现设备故障后短时间进行更换，快速恢复运行。

（4）高效可扩展性。教学任务变化或者教学系统需要升级时，只需要对核心设备进行升级或者增加设备，实验室与使用者不需要任何更改。

（5）按需服务。可以根据课程量、学生人数进行资源分配，能实现资源合理化、科学化。比如，一间教室根据需要可以自由组合，通过云技术，可以根据课程灵活安排任意人数上课。

4. 大数据

大约从 2009 年开始"大数据"成为互联网信息技术行业的流行词。大数据是继云计算、物联网之后互联网技术产业又一次颠覆性的技术变革。云计算主要为数据资产提供了保管、访问的场所和渠道，而数据才是真正有价值的资产。企业内部的经营交易信息、物联网世界中的商品物流信息以及互联网世界中人与人的交互信息、位置信息等，其数量将远远超越现有企业互联网技术架构和基础设施的承载能力，实时性要求也将大大超越现有的计算能力。如何盘活这些数据资产，使其为国家治理、企业决策乃至个人生活服务，是大数据的核心议题，也是云计算内在的灵魂和必然的升级方向。大数据时代网民和消费者的界限正在消弭，企业的边界变得模糊，数据成为核心的资产，并将深刻影响企业的业务模式，甚至重构其文化和组织。因此，大数据对国家治理模式，对企业的决策、组织和业务流程，对个人生活方式都将产生巨大的影响。

## （三）教育信息化

教育信息化是教育领域信息化的简称。关于教育信息化这一概念，有的学者认为其本质是要创设"一种充满信息，而且方便教育者和学习者获取信息的环境"。也有人说，教育信息化的主要特点是在教学过程中，比较全面地运用以计算机和网络通信为基础的现代化信息技术，促进教学过程的全面革新，使学校能够适应信息化对教育的新要求。教育信息化应包括以下九个方面的内容。

1. 教育思想的"信息化"。要从工业化社会的班级批量化、"一刀切"教育思想转向信息化社会的个性化、人本化教育思想。

2. 教育资源的"信息化"。要创建分布式的、超链接的、非线性的、多媒体化的、开放的、智能生成式的多种教育信息资源库，使学校教室、办公室、实验室、图书室、阅览室电子化、网络化；要建立教育资源信息系统，使人、财、物、时间、空间等各种资源要素的调控与管理最优化。

3. 课程教材的"信息化"。要适应信息社会发展的需要，不断深化课程教材改革；开设信息技术课程，加强信息技术教育；努力提高各科教材的技术含量，注意培养学习者的信息能力。

4. 教学模式的"信息化"。要注重建构主义、人本主义、行为主义、认知主义理论的综合运用，构建适应信息时代要求的新型教学模式，要将信息的获取、处理、应用、创新等环节的组配作为教学模式构建的基础。

5. 教学技术的"信息化"。以现代信息技术为教育技术的核心，提高各种软件、硬件中的技术含量与信息质量。

6. 教育环境的"信息化"。创设丰富、多样、美好的教育信息环境，使师生在任何时间、任何地点都能获得充满生机和活力的校园环境的熏陶。

7. 教学评估的"信息化"。注重计算机与网络在评估信息的采集、传输、处理和结果分析中的应用，使评估经常化、自动化、智能化。特别要注重信息导航与实时评估，使教学过程能自动朝教学目标演进。

8. 教育管理的"信息化"。以绩效为价值取向改革教育管理模式；注重现代信息技术在教学常规管理、人事管理、工资管理、档案管理、设备管理中的应用。

9. 教师素质的"信息化"。要注重培养教师的信息素质，提高其运用信息技术进行教育教学的能力。

## 三、信息技术对韩语教学的影响

### (一) 信息技术的引入

据相关部门统计，近 30 年所积累的知识就占了人类有史以来所积累知识的 90%。因此，高校教育（包括韩语教育）所面临的另一个问题是如何解决知识的迅速更新与学生有限学习时间之间的矛盾。计算机技术与其他相关的新兴信息技术，则成为目前解决这些问题公认最为有效的方法。

计算机辅助教学始于 1958 年，最早是国际商业机器公司为教授小学生二进制算术而设计的一台计算机。这之后的十多年里，计算机辅助教学系统及课件的研发规模和涉及的领域不断扩大。计算机辅助教学输入是以计算机为主要教学媒介所进行的教学活动，即利用计算机帮助教师进行教学活动。与计算机辅助教学输入相连的还有计算机辅助训练与计算机辅助学习，广义的计算机辅助教学输入包含计算机辅助训练及计算机辅助学习系统。计算机辅助训练是指用于职业培训的计算机辅助教学，其特点是学习目标十分明确，偏重于操作能力及应变能力的培养与训练。

### (二) 信息技术在韩语教学中的应用

通过多种途径，信息技术逐步改变了传统的韩语教学方式，主要体现在以下几个方面。

1. 营造仿真语言学习环境。信息技术的进步为教师提供了获取海量信息资源的途径，借助计算机将互联网上的资源经过裁剪、编辑从而形成集图像、语音、文字于一体的形象直观描述。制作精良的影像可以表达出一些传统教学手段下难以表述的内容，激发学生对语言学习的兴趣，迅速提高韩语教学的效率和学生应用能力。

2. 有利于实现互动式韩语教学。语言学习需要在一个可以相互沟通的环境中开展。在这种教学环境中，利用计算机信息技术把教师从简单的重复性劳动中解放出来，通过课件和多媒体资料完成向学生的知识传授。同时，在这种环境中教师可以有效地掌握不同学生个体的学习情况，开展多种语言交际活动，实现对学生的监督和修正。

3. 有利于建立一种大环境下公平的学习条件，充分实现韩语教学资源共享。信息资源共享给韩语教学带来一个重大的变革。使用信息技术，可以将不同地域的教师经验与智慧集中起来，提高学科内的普遍教育水准，减少择校带来的教育资源不平等，为学生带来一个尽量公平的学习环境。

4. 有利于为学生提供更为灵活、科学的学习方式。韩语学习是一个长期全面积累的过程，信息技术的出现打破了学习在时间和空间上的限制，让学生在家中也可以通过计算机进行网络学习。而互联网丰富的资源也为学生提供了充分的真实语言环境，提供了一个直接与外国语言环境沟通的平台。

### （三）信息技术对韩语教学的促进

信息技术大大改变了人们之间的交流方式和工作方式，韩语教学以网络为平台的使用越来越频繁，使用信息手段和韩语能力进行网上交际和信息搜寻提取已成为一种必备素质。这要求高校培养的人才必须具有信息素质，以适应社会的用人需要，教育者应该采用新的学习理念和模式。

一方面，信息技术的发展对韩语教学模式提出了新的要求；另一方面，信息技术的应用又为韩语学习提供了高效的工具和学习环境。应当大力提高韩语教学中的信息化程度，借助信息技术提高综合教学水平，同时以适应时代背景对韩语教育的要求。

信息化对韩语教学的影响不仅仅是学习模式的转变，而且对整体教学体系都产生了深远的影响，可以归纳为四个"信息化"：教育思想的"信息化"、教学模式的"信息化"、教学技术的"信息化"、教学评估的"信息化"。

### （四）未来信息技术对韩语教学的引导

信息技术在韩语教学中的应用已有较长的时间，信息系统也从原来规模小、功能简单的应用系统，向着更加复杂、功能更加强大的模式转变。当前外语教学的信息技术主要有以下几个特点。

1. 平台综合化

信息平台从以前功能单一的小型平台，逐渐向功能全面、规模庞大的综合型平台转化，综合型平台大多包含以下功能。

（1）听力教学平台。涵盖听力讲解系统、复听训练系统、听写教学系统、听力选答系统。教师能够从资源库、本地计算机、网络资料等来源，自由组合听力课程内容、测试内容。

（2）口语教学平台。有跟读/朗读系统、小组讨论系统。系统自动带领学生完成跟读/朗读过程，学生可听自己或其他人录音，小组可以展开口语讨论。

（3）阅读教学平台。教师可从不同来源选择阅读资料，并配备答题功能，题目可由教师自主导入。

（4）口译教学平台。提供影子训练、短期记忆两种模式，并具有模拟现场的功能。

（5）自主学习平台。教师可自定义学生自学范围，学生按照教师要求展开学习，在此过程中师生能根据学习内容开展文字、语音交流。

（6）网络化考试平台。提供网络化考试功能，能自动生成对应策略的试卷或由教师导入，能提供四、六级仿真试题。

2. 平台专业化

在平台综合化的同时，也有部分企业或机构着重突破教学中的某一环节，举例如下。

（1）翻译平台。以韩语翻译相关教学、科研为中心，提供在线的翻译学科辅助教学和翻译课题研究。常见内容还有教师培训、翻译大赛、翻译项目、学生实习等。

（2）学习资料库。学习资料库是集合不同高校，乃至全球层面优质资源，形成以多媒体课程为核心，音频、视频、图书为辅助的多个韩语学习模块。

（3）测试训练系统。测试训练系统包含训练平台、测试平台、管理平台三部分。训练平台能生成四级、六级、研究生考试、剑桥商务英语中级测试等考题，教师可以通过测试系统组织全校性大规模考试，同时还能积极开展及时的教学评估。

3．边界模糊化

韩语的教学工作不再将课堂教学和课外学习进行非常清晰的划分，信息化学习系统覆盖了互联网、电视网、手机网，也不再有时间和空间的限制。韩语学习已经成为一种常态化的学习，学习课堂的边界慢慢模糊化。

4．终端移动化

信息技术的发展，使得系统终端设备不断推陈出新。可持式终端解放了课堂教学中的座位束缚，使得随时随地开展学习成为可能，丰富了课堂学习的开展模式，一方面可以方便教学工作的开展；另一方面又能提高学生的学习兴趣。

5．教室方案整体化

传统模式的多媒体教室由用户拟定建设方案，采用多个来源的设备进行组合。这种建设方式导致配置环境复杂，给后期的维护工作带来极大挑战。现在多媒体教室建设已经发展为厂商提供全方位解决方案，用户可根据自身需求对方案进行裁剪，最后厂商以裁剪结果为基线建设多媒体教室。

6．交互多元化

以往信息化在韩语教学中的交互手段极为有限，只有投影、音响等为数不多的方法，板书除了课件投影就是黑板手写。现在触屏技术让信息化教学手段丰富多样，电子白板和激光投影机更是带来了全新的教学体验。

**（五）信息技术与韩语教学未来趋势**

1．数字互动教室

感应技术和互动技术是未来人机互动的基础，感应技术主要包括触觉感应技术、动态感应技术、光感应技术和视觉感应技术等。未来可以应用于课堂情境教学，借助仿真三维虚拟现实技术可以更加直观、形象地展示教学内容。互动技术包括平面互动、空中翻书、触摸查询、桌面互动投影等，其介质变化多样，人机交互的方式更加自然、生动。

感应技术、互动技术以及其他一些信息技术经过整合，就能形成未来的数字互动教室。数字互动教室的内涵并不只是三维仿真展示和人机互动，它还是一个学校课堂教学信息的系统性改革方案，是一个综合性、协同性的大型信息化工程。

2．资源开源建设

外语教学的教育资源库一直是韩语教学信息化的重点，资源库的共同建设能够整合不同高校间资金、人员、技术的种种瓶颈，避免或减少重复建设。类似开源资源形式在国外已经开展了一段时间，如麻省理工学院的开放式课程、英国开放大学的联盟公开课、日本的开放式课程"巴黎高科"。开源资源库的建设可以帮助劣势高校追赶教学、科研能力强的高校；促使教师间良性竞争，共同提高教学水平；实现高校间优势互补。

3. 智慧教育

智慧教育是一个综合性概念，它基本涵盖了所有信息技术，通过全面地整合以及深入地对教学业务进行研究，建立起一个覆盖教学全部过程和所有资源的信息体系，与以往的教学方式相比，具有以下优点。

（1）将教学内容与教学策略分开，根据学生的认知模型来生成教学所需信息，通过信息系统智能的搜索，最终动态生成具有个性化教学特色的内容与策略。

（2）通过智慧教育诊断，可以判断学生现在的学习水平，并分析学生产生错误的主要原因，同时向学生提出学习和改进建议。

（3）通过分析全体学生的错误分布，智慧教育系统将向教师提供教学重点、测试重点、教学方式、测试题型等内容。

（4）为教师提供操作简易的教学、测试维护功能，教师可以根据具体情况，轻松调整教学内容和教学策略。

（5）通过对学生认知模型、教学内容、测试结果的智能化分析，为教学督导人员提供任课教师业绩评价。

# 第二节  韩语教育改革的基本思路

## 一、教育理念的转变

有关部门相关文件中提出，当前进行的教育改革是在我国向社会主义市场经济体制过渡的大背景下进行的。因此，如何为 21 世纪的社会主义市场经济体制服务，处理好韩语教育与社会主义市场经济的关系，是摆在相关部门、高等学校和全体韩语教育工作者面前的一项重要任务。要完成这一任务，就必须打破计划经济体制下长期沿用的纯语言、纯文学的人才培养模式，而广大韩语教育工作者首先要实现教育思想和教育观念的转变。

我国每年仅需要少量韩语与文学、韩语与语言学相结合的专业人才以从事外国文学和语言学的教学和研究工作，而大量需要的则是韩语与其他有关学科如外交、经贸、法律、新闻等结合的复合型人才，培养这种复合型的韩语专业人才是社会主义市场经济对韩语专业教育提出的要求，也是新时代的需求。

我国现有韩语专业的院校大致可以分为五种类型，即韩语院校、综合性大学、理工科院校、师范院校和其他专科类院校。由于各院校的发展不平衡，因此复合型人才培养的模式、内容和进程也必须因地、因校、因专业而异。目前正在试验的模式有"韩语＋专业知识""韩语＋专业方向""韩语＋专业""专业＋韩语"和双学位等。各韩语专业要从本专业的发展状况、师资队伍、学生来源、所在地区的社会和经济发展的需求及就业市场的需求出发，实事求是，因地制宜，因校制宜，自主确立人才培养模式，并选择复合的专业，努力培养出服务于本地区经济建设和社会发展需求、受到社会欢迎、有特色、高质量的复合型韩语专业人才，创出学校和专业培养人才的特色。

课程体系改革和课程建设是韩语专业教学改革的重点和难点。要从 21 世纪对韩语人才的需求、21 世纪韩语专业人才的培养目标和复合型人才的培养模式出发，重新规划和设计新的教学内容和课程体系。

当前韩语专业课程建设主要面临以下任务：开设与复合学科有关的专业课、专业倾向课或专业知识课，加强课程的实用性和针对性；探讨在专业课、专业倾向课或专业知识课中如何将专业知识的传播和语言技能训练有机地结合起来，提高课程的效益；在开设新课和改造现有课程的过程中，重点摸索如何培养学生的语言实际运用能力，锻炼学生的思维能力和创新能力；在确保韩语专业技能训练课的前提下，加强国家国情研究的课程，开设一定数量的中文课，以弥补学生在汉语写作方面的不足，适当选取部分自然科学领域的基础课，加强科学技术知识教育。

探讨在韩语专业进行复语教学，鼓励学生在掌握所学语种的基本技能和运用能力的同时，再学一门外语。对于非韩语专业的学生特别是非通用语种的学生来说，要特别强调学习韩语的重要性。复语教学的形式和层次要根据学生所学语种、师资力量等条件来确定。

## 二、教学方法和教学手段的改革

21 世纪韩语专业人才的培养目标和培养规格以及教学内容和课程建设的改革都需要通过教学方法和教学手段的改革才能得以实现。教学方法的改革应着眼于培养学生的创新精神和创造能力，应强调学生的个性发展。改变以教师为中心的传统教学方法，突出学生在教学活动中的主体地位，注意培养学生根据自身条件和需要独立学习的能力；将课堂教学与课外实践有机地结合起来。课堂教学重在启发、引导，要为学生留有足够的思维空间；课外活动要精心设计，要注意引导，使其成为学生自习、思索、实践和创新的过程；现代信息技术的利用和开发为韩语教学手段的改革提供了广阔的前景。

## 三、教材建设

课程体系的改革必然会带动教材的建设。21 世纪的韩语专业教材应该具备以下几个基本特征：教学内容和语言能够反映快速变化的时代；要处理好专业知识、语言训练和相关学科知识之间的关系；教材不仅仅着眼于知识的传授，而且更要有助于学生的鉴赏批评能力、思维能力和创新能力的培养；教学内容有较强的实用性和针对性；注意充分利用计算机、多媒体、网络等现代化的技术手段。

# 第三节　信息技术与韩语教学的深度融合

信息技术应用于教育、教学过程，不能只是停留在运用技术去改善"教与学环境"或"教与学方式"的较低层面上，而必须在运用技术改善"教与学环境"和"教与学方式"的基础上，进一步实现教育系统的结构性变革，也就是要"改变传统的'以教师为中心'的课堂教学结构，构建出新型的'主导、主体相结合'课堂教学结构"。如何实现现代信息技术与韩语教学的深度融合、构建全新的韩语教学模式是韩语教学改革成败的关键。

## 一、信息技术下韩语教学过程的特点

信息技术与韩语教学的融合涉及教师的教学理念、教学管理、教学内容、教学手段、教学方法、教学过程和学生的学习理念、学习方法、学习内容、学习工具、学习过程（图3-1）。实现信息技术与韩语教学的深度融合的首要条件是教师和学生的理念问题。

图3-1显示出，理念不是外在于教与学各元素的。理念不是凌驾于信息技术之上、支配信息技术的发展，而是信息技术为我们提供了新的教育理念。信息技术与韩语教学的深度融合就是基于现代信息技术揭示内含于信息技术中的新理念，并使其成为韩语教学改革的基本理念。信息技术融入高校韩语教学的各个环节和元素。

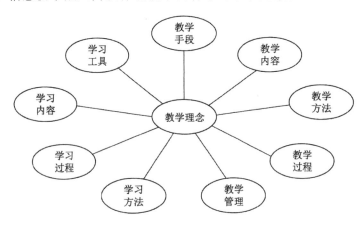

**图3-1　信息技术与韩语教学的融合**

## 二、高校韩语教学的目标

高校韩语教学的目标是全面提高学生的语言综合能力。随着社会语言学、语用学和话语分析等语言学分支学科的发展，语言学家和教育学家认识到语言符号系统同社会语境的密切关系，认识到韩语教学的最终目的不是获取僵化的语言知识，而是培养综合语言能力。

综合语言能力包括八个元素，即语言知识、语言技能、专业知识、认知策略、交际策略、情感态度、文化意识和人文素养。语言知识、语言技能、专业知识是语言应用能力的基础，认知策略、交际策略、情感态度、文化意识和人文素养是语言运用得体的保障。

# 第四节　高校网络化韩语教学模式的构建

高校韩语教学改革必须实现三个转变：以"教"为主，向以"学"为主的转变；以"课堂教学"为主，向"课内外一体化"的转变；以"终结性评估"为主，向"形成性评估"与"终结性评估"相结合的转变。实现三个转变的前提是教学模式改革。教学模式改革涉及教学理论、教学目标、课程体系、教学方法和教学手段的改革。

## 一、课程体系

韩语教学要建立"精语言、通文化、懂专业"的课程体系。"精语言"就是语言基本功要扎实，注重语言能力和交际能力的培养。"通文化"就是在注重知识传授与技能培养的同时，不断强化对学生的文化教育，提高学生跨文化交际能力，扩大学生的国际视野。"懂专业"就是在夯实学生的语言应用能力和提高学生文化素养的同时，不断完善课程体系和教学内容，增加与具体专业相关的专业韩语课程，加强学生综合语言能力的培养。

基础阶段的主要教学任务是传授韩语基础知识和培养学生实际运用语言的能力，为进入高年级打下扎实的专业基础。高年级阶段的主要教学任务是继续抓好语言基本功，学习韩语专业知识和相关专业知识，进一步扩大知识面，增强对文化差异的敏感性，提高综合运用韩语进行交际的能力。在两个教学阶段中课程的安排可以有所侧重，但应将四年的教学过程视为一个整体，自始至终注意抓好语言基本功。以韩语专业为例，根据相关教学大纲，韩语专业课程分为韩语专业技能、韩语专业知识和相关专业知识三种类型，一般均应以韩语为教学语言。

大学韩语和韩语专业不同的阶段：大学韩语分为基础阶段、中级阶段和高级阶段，而韩语专业分为基础阶段和高年级阶段。这两种划分侧重点有所不同，大学韩语的划分只涉及非韩语专业学生韩语学习阶段的划分，而韩语专业的划分侧重于韩语专业四年学习的两个阶段：一、二年级注重抓好语言基本功；三、四年级在继续抓好语言基本功的同时，注重韩语专业知识和相关专业知识的学习。韩语专业和非韩语专业的不同在于侧重点的差异：韩语专业是"韩语＋专业"；非韩语专业是"专业＋韩语"。韩语专业的侧重点在韩语，强调韩语语言综合能力的培养以及韩语专业知识和非韩语专业知识的掌握；非韩语专业侧重点在于专业学习以及韩语语言综合能力的培养，韩语是一种语言工具，韩语的学习有利于学生专业知识的学习和增强学生的跨文化交际能力。无论是韩语专业还是非韩语专业，韩语语言综合能力的培养都是韩语教学的目标。

## 二、网络化韩语教学模式的建构

教学模式可以定义为在一定教学思想或教学理论指导下建立起来的较为稳定的教学活动结构框架和活动程序，通常包括教学理论、教学目标、教学程序、教学条件、教学评价五个因素，这五个因素之间有规律的联系就是教学模式的结构。由于不同教学模式所要完成的教学任务和达到的教学目的不同、使用的程序和条件不同，当然其评价的方法和标准也有所不同。目前，除了一些比较成熟的教学模式已经形成了一套相应的评价方法和标准外，还有不少教学模式并没有形成自己独特的评价方法和标准。

网络韩语教学模式是依据一定的教学理论和教学思想、依托网络技术、为实现韩语教学目标而构建的模型，它涉及教学理念、教学手段、教学方法、教学框架和教学流程，是外语教学与网络技术深度融合的结果。它具有指导性、目标性、可操作性、系统性、发展性、稳定性和灵活性的特点。

任何教学模式的建构必须依靠一定的教学理念和理论，教学理念和理论是网络韩语教学模式的灵魂。网络化韩语教学理念是韩语教学理论和网络信息技术深度融合的结果：网络化韩语教学理念随着网络信息技术的发展而产生，同时又指导网络技术的发展与应用。教学目标是韩语教学的出发点和归宿。针对不同的教学对象、教学要求，确定不同的教学目标、教学手段和教学方法。高校网络化韩语教学活动的基本结构是在一定的教学理念指导下，利用网络信息技术和灵活的教学方法实现"课前导学""课堂教学""课后应用""综合评估"的"四环互动"。"四环互动"的特点是突出以学生为中心的现代教育思想；突出了学生在学习中的主体地位，使学生的学习从被动变为积极参与式的教学。

网络化教学模式以网络信息技术为支撑，使韩语教学不受时间和地点的限制，朝着个性化学习、自主式学习方向发展。在新的教学模式给学生带来众多有益之处的同时，也对学生的学习能力和学习方式提出了新的要求。学生在这种模式下必须具备较强的自主学习能力，自觉地完成网络平台中的学习任务。

# 第四章　现代教育技术辅助高校韩语教学的理论基础

本章主要对现代教育技术辅助高校韩语教学的理论基础进行详细分析，主要包括现代教育技术的理论基础、传播学理论、系统科学理论、教育理论与语言学理论、学习理论与认知理论。

## 第一节　现代教育技术的理论基础

学习现代教育技术的理论基础是深入开展现代教育技术的必要条件。离开了科学的现代教育技术理论基础的指导，现代教育技术辅助外语教学的水平、质量就将缺乏保证。

### 一、现代教育技术的理论基础

现代教育技术是人类科学技术、教育学、语言学和认知科学发展到一定阶段的必然产物，因而也是在传统的教育教学、语言学理论、思想、观点、方法的基础上加以批判的继承和发展而形成的。同时，运用了传播理论、媒体理论及系统科学理论等多种学科的理论和科学技术成果，许多学科的理论相互交叉、相互渗透，构成了教育技术的理论基础。现代教育技术作为一门新兴的、综合性的交叉学科，它的理论基础的主要特点是层次性、开放性、综合性和系统性。

在研究现代教育技术理论基础时，当然必须研究这些基本理论。就现代教育技术辅助外语来说，我们研究和介绍的重点是与现代教育技术有直接关系的马克思主义的认识论、教育教学理论、语言学理论、学习理论、跨文化交际理论等，这是现代教育技术理论基础最大的一个层面。

### 二、现代教育的理论基础随着现代教育技术的发展而不断丰富

现代教育技术的发展经历了萌芽阶段、起步阶段、初期发展阶段、迅速发展阶段和系

统发展阶段等五个基本阶段，称之为现代教育技术的"五段论"。在这五个不同发展阶段中，现代教育技术的理论基础是随着现代科学技术理论的不断发展而逐渐丰富的。

在现代教育技术的萌芽阶段，即 19 世纪末期，它所依靠的理论是国外某教育心理学家在一书中提出的直观教育的理论。在这本著作中，他提出了"教学要从观察开始"的原则。他说"要在一切可能的范围内，把一切都放在学生面前"。这一原则就是至今我们仍然提倡和坚持的直观教学的原则。

在现代教育技术的起步阶段，即 20 世纪 20 年代，这时广播和无声电影出现并被运用到教育教学过程中。这时，现代教育技术所依据的理论基础，除了直观教育的理论外，又加上了视觉教育的理论。

在现代教育技术的初期发展阶段，即 20 世纪 30—40 年代，现代视听媒体进一步丰富，视觉、听觉媒体的运用使得现代教育技术进一步发展。这时，现代教育技术的理论基础中又增加了新的内容。这就是国外某视听教育专家在一书中所提出的视听教育理论。这一理论又称为"经验之塔理论"。

在现代教育技术的迅速发展阶段，即进入 20 世纪 60 年代以后，随着科学技术的迅速发展，人类的教育活动被作为信息的传播活动而通过现代传播技术得到大大加强。这时，教育理论家开始运用传播学理论来研究教育教学过程中的信息传播问题，由此产生了传播学的一个分支学科——教育传播学。这样，传播学的理论也成为现代教育技术的理论基础，使得现代教育技术的理论基础更加丰富了。

在现代教育技术的系统发展阶段，即 20 世纪 70 年代以后，现代传播媒体层出不穷，在这个新的发展阶段中，一个极为重要的方法论在起着指导作用。这个重要的方法论就是集系统论、信息论和控制论于一体的系统科学理论。

由此可以清楚地看到，随着现代教育技术的发展，现代教育技术的理论基础也在不断丰富、不断发展、不断完善之中。

## 三、现代教育技术理论基础的基本框架

学界对现代教育技术理论基础的基本框架还没有一致的观点，但我国某著名电化教育理论学家的观点比较有代表性，他认为，现代教育技术的理论有三个层次。

第一个层次是基础理论。它由马克思主义的认识论和系统科学的理论构成。

第二个层次是外延理论。它主要由自然科学的理论和社会科学的理论两大部分构成。

第三个层次的理论是现代教育技术的核心理论。它主要由语言学理论和传播理论两大部分相结合而构成。

在现代教育技术理论基础的研究中，重点研究的是现代教育技术的方法论和现代教育技术的核心理论。外延理论由于牵扯的问题比较多、学科性比较强、专业性比较突出，研究起来比较复杂，且与现代教育技术理论间的关系不如第一和第三个问题那么密切，所以

在一般的现代教育技术理论研究著作中都不作为重点。

## 四、现代教育技术辅助外语教学的理论基础

现代教育技术辅助外语教学最主要的理论和因素，可从本体论、实践论和方法论三方面来说明。

1. 本体论。现代教育思想、多媒体软件设计思想；现代语言学理论、跨文化交际理论（包括语言学理论、认知语言学理论、计算机语言学、外语教学论）；心理学原理（包括认知心理学、影视心理学、发展心理学、外语教育心理学、学习心理学）。这是现代教育技术辅助外语教学必须遵循的基本教育理论、语言学理论和心理学原理。

2. 实践论。多媒体辅助外语课堂教学设计；软件系统的总体风格、封面导言设计、屏幕界面设计、交互方式设计、导航策略设计、超文本结构设计；课堂教学测试与评估（包括教学策略、学习方法、评估方法与手段）；基于心理学原理的人工智能、软件的教学设计、软件的系统设计（包括教学目标分析、学习者特征分析、媒体选择设计、知识结构设计、诊断评价设计）。

3. 方法论。软件原型的构建；文字脚本的编写；制作脚本的编写；软件的测评；教学系统评估。

在现代教育技术辅助外语教学的过程中，信息技术是基本元素，同时还涉及哲学、美学、传播学、信息论、系统论、控制论等多种学科的理论和科学技术成果。

# 第二节  传播学理论

传播学是一门研究人类传播行为的科学。传播学是随着广播、电视和报业的发展，从心理学、社会学、政治学等学科中分离出来的。传播学是研究人与人，人与社会、团体如何通过传播的行为来建立关系的科学。

## 一、教育传播

教育传播是教师按照教学目标选定教学内容，通过各种传播媒体，向特定的学生传播能够帮助他们形成优良品质个性的教育教学信息的传播过程。

教育教学传播过程涉及的因素有以下几个。

1. 信源：指处于教学指导地位的教师和带有信息的教学软件。

2. 信宿：指处于学习主体地位的学生。

3. 编码：指教学信息的组成方式和表现形式。

4. 信道：指信息的传播媒介、传播方式和传播渠道。

5. 译码：指学生对从信息渠道传递过来的信息进行处理的过程和方法。

6. 干扰：指在信息的传递过程中，系统以及系统环境对学生获得信息产生的不良影响和不良作用。

7. 前馈：指在输出信息未出现偏差之前，控制部分即发出控制信息，纠正即将发生的偏差，而不是产生了偏差之后，再通过反馈信息来纠正偏差的现象。前馈是以反馈为基础储存的。

8. 反馈：指信宿获得信息后，系统将信宿获得信息的质量、信宿对信息传播媒介和传递方式的态度及时通知信源，使信源能够及时地调整教学程序、改变教学方法，以保证教学目标的实现。

## 二、现代教育技术辅助教学过程的信息传递设计

现代教育技术辅助教学过程的信息传递设计包括以下内容。

1. 分析教学内容，对教学信息的研究。

2. 选择教学策略，设计教学信息的传递方式、方法和程序。

3. 选择并组合教学媒体，选择教学信息传递的工具。

4. 进行学习评价，检测信息的传递结果。

## 三、影响教育教学信息传递速度与质量的主要因素

在现代教育技术辅助教学过程中，影响教育教学信息传递速度与质量的主要因素有以下几个。

1. 信源储备信息的数量与质量，主要指教师拥有知识的数量和质量。

2. 信息的编码方式，指知识信息表示的方式。这些方式主要有文字的、图示的、声音的和图像的。

3. 信道的宽度，指信息传递渠道的广阔性和传播媒体的多样性。

4. 干扰，由于干扰因素的作用，使信息传递的速度、质量等方面产生不良影响。

5. 信宿（学生）的基本特征，主要指学生的心理认知特征、学习特征和社会特征。

# 第三节　系统科学理论

"三论"是控制论、信息论、系统论的统称，也称为系统科学。"三论"是信息时代新科学技术发展下的认识世界和改造世界的方法论，已迅速被应用于各个领域与各个学科。

应用于教育领域，已产生以信息论为基础的"教育传播学"、以控制论为基础的"教育控制学"、以系统论为基础的"教学系统学"。"三论"在教育技术上的综合应用，已发展为目前国外的"教育传播与技术"，成为国外现代教育技术的理论基础和主要内容，人们称控制论、信息论、系统论为"同一河流的三个支流"。

## 一、"三论"概述

### 1. 控制论

控制论是关于控制系统的一般规律和控制过程的科学。控制过程都是建立在信息反馈的基础之上，即运用信息反馈来调节和控制系统的行为，从而达到既定目标。外语教学信息量大，应当遵循认知规律，充分利用现代教育技术的特点来调节和控制外语教学的信息，优化外语教学的信息，优化外语教学的过程，达到外语教学的目的。

### 2. 信息论

信息的主要创立者是美国数学家香农，他于 1948 年发表了"通信的数学理论"，奠定了信息论的基础。

信息论现已成为信息时代的三大理论支柱之一。什么是信息论？简要地说："信息论是关于各种系统中信息的计量、传递、变换、储存和使用规律的科学。"维纳说："信息就是信息，不是物质，也不是能量。"虽然信息传递和储存都不能脱离物质和能量，但信息绝不能简单归纳为物质与能量。

### 3. 系统论

系统论是美籍奥地利生物学家贝塔朗菲创立的。他于 1947 年出版了《系统论》，为系统论奠定了基础。

什么是系统论呢？系统论是关于研究一切系统的模式、原理和规律的科学。系统论认为，自然界是一个巨大的系统，人类思维也是一个复杂的系统，世界上任何事物都在系统形式中存在与发展，系统无处不有。

"三论"是从总体上更深刻地揭示了事物运动的特性和规律，对人类进一步认识世界、改造世界有着深远的影响。"三论"的研究也促进了科学知识的整体化，强化了自然科学与社会科学的联系，改变了人们的思维方式。用"三论"的理论与方法指导教育科学，特别是从中提炼抽象出来的系统科学的基本原理，即反馈原理、有序原理和整体原理对研究现代教育技术和指导现代教育技术实践有着重要的意义。

## 二、系统科学的基本原理与现代教育技术

### 1. 反馈原理

任何系统只有通过信息反馈，才能实现控制。在教育系统中，教育者是否能达到一定的教育目的，教育效果如何，也必须不断地从反馈信息中获得控制与调整的依据。在教学

过程中，教师与学生之间相互即时反馈信息就可不断改进教学，提高教学效果。有经验的教师，常常随时了解和观察学生的学习反应，及时调整或控制教学过程。

在现代教育技术的教学过程中，无论是学校的媒体教学闭路传播还是社会教育的空中传播，它都需要通过编制的现代教育技术教材来传递教育信息，并取得反馈信息。通过反馈改进传递信息的信息容量、速度、方法极为重要，没有反馈就不能实现有效的控制，达不到预期的教学目的。在计算机辅助教学中，就是通过人工智能实现及时反馈，进行强化、控制和调节教学信息，通过一定的教学程序来达到预定的教学目的。

2. 有序原理

任何系统，只有开放并与外界有信息交换，才能从无序到有序。应用有序的开放，系统由低级结构转变为较高级的结构称为有序原理。如学习，从不知到知，从感知到理解、记忆的过程就是有序。学习之后而遗忘、生疏的过程就是无序。有序原理在教学中的应用就是使教学系统成为一个开放系统，使学生的大脑也成为一个开放系统，按照有序原理，不断启发学习思维。思维的过程就是大脑内各子系统之间交换信息的有序过程，能使学生大脑中有关部分储存的信息联系起来，组成一个复杂的结构，从而使知识更加有序。

有序原理是重要的学习方法论，对现代教育技术辅助外语教学更是一个十分重要的原理。在现代教育技术辅助外语教学的过程中，要力求通过生动、直观的教学内容与方法，启发学生的积极思维，形成从感性到理性、从直观到抽象、从简单到复杂、从个别到系统的认知过程。

3. 整体原理

任何系统都有一定的结构，没有整体功能的系统是不完全的，系统整体的功能也不等于各孤立部分功能之和。任何系统的整体功能等于孤立部分功能的总和加上各部分相互联系形成结构所产生的功能，这就是整体原理。从整体原理的观点看系统，不能只发挥各部分个体的功能，重要的是应该发挥各部分相互联系所形成结构的新的功能。

在教学理论中应用整体原理，就要研究整个教育系统内各个子系统按一定规则组合在一起的整体结构，如现代教育技术就是教育大系统中的子系统。任何一门科学都有本门科学的系统性和完整性，各门学科之间的知识结构也是相互联系的整体。要培养全面发展的人才，就要求学生在德、智、体、美、技能多方面都得到发展。片面重视一个方面的教育，都是违反整体原理的。

以上所说的反馈原理、有序原理、整体原理是一个相互联系、相互作用的完整体系。没有反馈系统，要实现控制是不可能的；没有开放系统，要走向有序也是不可能的；没有结构的孤立部分，要成为整体更是不可能。系统科学的三个基本原理是研究任何系统都适用的普遍规律，对指导教育教学的研究，对现代教育技术信息的传递与实现最优化教育过程十分重要。

# 第四节　教育理论与语言学理论

## 一、教育理论

教育理论最主要的内容是教学理论。最具影响力的现代教育理论如下。

1. 以行为主义的教学思想为基础的联结主义和操作性行为学习理论、信息加工理论、程序教学理论。

2. 以认知学派的教学论思想为基础的心理倾向、结构理论、发现学习理论和同化学习理论。

3. 以人本主义的教学思想为基础的"以学习者为中心"的教学理论和合作教育学。

这些理论和流派中还有很多的分支，但各种理论和流派的归宿都是在促进理论研究的多样化，推动理论的发展，提高教学质量，服务于人类。因此，这些理论和流派所表现的是"和而不同"。

## 二、语言学理论

现代语言学是语言信息系统的学科，是具有很强的开放性、交叉性和立体性的大学科。语言不仅是人和人的交际工具，而且也将成为人和机器的交际工具。现代语言学作为一门领先的科学，在外语电化教学理论与实践研究中占有十分重要的地位。它们有着本质的联系；它们相互融汇、相得益彰。有了计算机和媒体技术，又有助于我们对语言研究的深入，使我们更科学地对语言进行描写，辅助我们的语言教学。因此，可以说离开了现代语言学，就很难想象出语言实验室；没有现代语言学，计算机就无法得到空间的发展和广泛的应用，也就没有多媒体语言实验，没有丰富多彩的外语教学和外语学习的声像资料和软件；没有现代化的多媒体语言实验室，也就没有现代教学技术。

纵观现代外语教学史和外语电化教学不难发现，语言学是外语教学法流派的最直接的理论基础，语言学直接影响教学法的形成。人们对语言本质和特征的认识直接影响着语言教学方法的形成。有什么样的语言观就有什么样的语言教学观和教学方法论。

20世纪是语言教学蓬勃发展的世纪，各种理论与方法层出不穷。但是，任何外语教学方法都取决于对语言本质特征的认识，任何外语教学方法都在于尝试不同的教学方法和媒体优化教学结构，达到外语教学的目的。在外语电化教学的基本原则中，其本身就是通过"电化"语言学习目标，通过运用媒体强化"刺激—反应"，优化交际环境和课堂结构，以达到外语教学的最终目的。就这一点来说，语言教学流派的产生、发展都与外语电化教学有着直接的内在联系。

我们认为语言学理论贯穿于整个多媒体辅助外语教学的过程之中。语言学是教学大纲制订、教材设计、软件设计、网络设计与教学的依据。语言学跟教学评估、教学手段的选择、测试关系也很密切。语言学是语言教学的资源和背景。现代教育技术是辅助外语教学最优化的技术保证和方法。随着语言学与边缘学科的发展，现代语言显现出了多角度、多层次、全方位的开放性发展，它的发展无疑为多媒体辅助外语教学提供了更强有力的理论基础。

### 三、新型教学模式建立的理论基础——建构主义

视听教育理论（"经验之塔"理论）、程序教学理论、建构主义（结构主义）理论、教学开发理论等，被学界公认为推动现代教育技术辅助外语教学最直接的教育理论和语言学理论。这里仅介绍建构主义教学理论，它是现代教育技术辅助外语教与学理论的奠基石。

皮亚杰创立了以研究人的认知学习的高级心理为中心的结构主义心理学派，又称为"认知心理学派"。布鲁纳根据结构主义心理学的观点，将皮亚杰的认知结构发展理论应用于美国的教育改革，提出了四大教学原理，即学习的心理倾向、知识结构、教学程序、学习反馈。布鲁纳的这些观点对多媒体教学产生了较大的影响。

建构主义教学理论是认知学习理论的一个重要分支，建构主义教学理论认为，知识不是通过教师传授得到的，而是学习者在一定情境即社会文化背景下，借助其他人（包括教师和学习伙伴）的帮助（即通过人际间的协作活动），利用必要的学习资料，通过意义建构的方式而获得。建构主义教学理论提倡在教师指导下的以学习者为中心的学习，它既强调学习者的认知主体作用，又不忽视教师的主导作用。教师是意义建构的帮助者、促进者，而不是知识的传授者与灌输者。学习者是信息加工的主体，是意义的主动建构者，学习的主要活动不是记忆，而是高水平的思维，是学习者对新、旧知识经验的加工、综合及推论、假设，而不是外部刺激的被动接受和被灌输的对象。

在技术支持的外语学习环境中，学生应从以下几方面来发挥自己的主体作用：①要学习并较熟练掌握多媒体和网络技术基本知识和相应技能，自觉培养善于获取知识的能力；②要适应复杂的、灵活开放的、信息极为丰富的学习环境，主动搜索并分析有关信息和资料，发现问题、解决问题，进行积极的意义建构活动；③要把当前学习内容所反映的事物尽量与已知的事物相联系，并对这种联系加以认真的思考；④要培养与他人进行沟通和合作的意识和能力；⑤要对自己的学习过程负责，根据自己的学习特点和要求调节学习策略。

教师要成为学生意义建构的帮助者和促进者，就需要在教学过程中从以下几个方面发挥主导作用：①转变教学观念，自觉地把自己的角色由权威的指导者、知识的给予者转变为学习的帮助者、促进者和协调监控者；②要加强适应性学习，努力掌握现代教育技术的

原理和方法，熟练掌握多媒体和网络技术知识、技能和培养教师应具备的信息素养；③善于在教学过程中进行教学设计，包括教学目的分析、情境创设、信息资源设计、自主学习设计、协作学习环境设计、学习效果评价设计、强化练习设计等，使技术与课堂教学有效整合，每个学生都能与学习环境发生积极的相互作用，促进自己的知识建构；④采取有效措施促进师生之间以及生生之间进行充分的交流、讨论、争辩和合作，并提供有针对性的引导，使之朝着有利于意义建构的方向发展；⑤激发学生的学习兴趣，帮助学生制订符合自己实际的学习计划和策略；⑥全面地评估学生的学习过程和结果，并给予及时的反馈和鼓励。

# 第五节　学习理论与认知理论

教育教学过程对于学生来讲，就是学习的过程。因此，对处于教育教学过程主导地位的教师来说，研究学习理论、研究学习者的特征、针对学习者的特征因材施教是取得良好教学效果十分重要的基础性条件。同样，也是进行现代教育技术研究必要的基础性条件。学习理论同样也是现代教育技术的理论基础。

学习理论主要关注学习者接受知识的心理过程。在学习过程中，学习者的心理特征主要表现为智力因素特征和非智力因素特征。在过去的教学活动中，人们常常强调的是挖掘学生的智力因素，发展学生的智能，却不够重视非智力因素在完成教学任务、实现教学目标过程中的不可忽视的决定性作用。现代教育技术充分认识到非智力因素的作用与意义，强调在教学过程中必须同时发挥智力因素和非智力因素的作用，以保证教学目标的实现。

美国著名的教育心理学家、教育技术专家加涅在总结和修改前人的学习和记忆过程的模式基础上．根据自己所从事的长期实验和研究，提出了人的信息加工模式。加涅认为，学习记忆的信息加工过程是一系列连续阶段的信息加工过程，前一阶段加工完成以后，接着下一阶段的加工，而且这种加工过程是不分始终的，与环境之间形成一个环路。加涅指出，在信息加工过程中，学习者已有的知识结构和知识，对他们接受新输入的信息并进行加工、理解新材料都将起决定性作用。

认知理论关心知识的认知结构或系统，关心建立和改变这些结构的过程，他们对结构和过程的关心反映在他们对记忆、知觉、注意、领会、问题结局以及概念学习的研究上。在认知理论看来，教学不是知识的"传递"，而是学生积极主动的"获得"。教师要为学生创造良好的学习条件和环境，激发学生的学习动机、提供合理的学习策略，从而促进学生的学习。

# 第五章　现代教育技术下高校韩语教学发展分析

利用现代教育技术手段，可以使韩语教学发生显著的变化，让原本抽象的课堂变得直观。让原本静态的课堂变得动态。现代教育技术手段的使用还实现了文字与图表、声音的兼容，有利于活跃韩语课堂气氛，更重要的是，学生的主观能动性也能有所提高。本章主要从翻转课堂、慕课、微课三个方面系统阐述现代教育技术与韩语教学的发展问题。

## 第一节　翻转课堂与韩语教学的融合发展

### 一、翻转课堂解读

#### （一）翻转课堂的内涵

将原本传统课堂教学的程序进行调整，学生学习知识被放到课前，这样教师就能省出更多的时间在课堂上对学生进行指导，既提高教学的质量，又培养学生自主学习的能力，这样的一个过程就是翻转课堂。

#### （二）翻转课堂的特点

1. 教学视频短小精悍

翻转课堂提供的视频具有明显的短小精悍的特点。这里的短小指的是教学视频的时间不长，一般维持在几分钟，即使有些视频的时间会长一些，也不会超过十几分钟。视频的针对性比较强，每一个视频讲解的内容都是围绕一个主题，这样当学生查找与该主题相关的视频时，就能轻松地查找到。学生的注意力有其发展规律。因此，翻转课堂视频的时间应该适当，应该被合理控制在学生的注意力范围之内，倘若时间太长，学生就可能会产生疲惫感；如果时间太短，那么就可能达不到应有的效果。

2. 教学信息清晰明确

翻转课堂教学视频与传统意义上我们理解的传统课堂教学使用的录像是不一样的，前者一般不会出现教室中客观存在的物品，因为这些物品会分散学生的注意力。因此，对于翻转课堂视频的要求，应该着重强调的是视频中不能有干扰性因素。

3. 重新建构学习流程

翻转课堂完成了原有教学流程的颠倒，它被分成两个环节：第一个环节为信息传递，在这个环节中，教师可以将自己掌握的知识传递给学生，同时学生也可以将自己在学习中遇到的问题反馈给教师，将自己对于教师教学的感受反馈给教师；第二个环节为吸收内化，这一环节并没有教师参与其中，而是由学生自主完成。因为在这个环节中，学生的主体地位被凸显出来了，没有教师与同学的帮助，他们可能会感觉到力不从心，甚至在学习中还会产生些许挫败感。翻转课堂重构了学生的学习过程，让第一环节可以在课前进行，具体来说，教师应该为学生提供学习的视频，学生可利用这些视频来开展自我学习活动，不过在这个环节中，教师可以在其中发挥作用，为学生提供必要的辅导。吸收内化环节是在课堂上完成的，学生在预习过程中可能会遇到一些问题，在课堂上教师就需要对学生的这些问题进行解决，帮助学生完成知识的内化。

4. 师生角色的重新定位

教学流程发生了翻转，在这一过程中，教师的角色有了明显的改变。过去，教师是韩语课堂的主导者，是韩语课堂的绝对权威。而在翻转课堂上，学生的地位逐渐被凸显了出来，教师尊重学生的地位，并对学生的学习活动予以指导，这时教师就确立了自己指导者的角色。

## 二、韩语翻转课堂的教学设计

### （一）教学目标的设计

1. 认知目标

学习完韩语课程知识之后，学生可以掌握课程中的基础知识，并对相关知识点予以掌握，同时在学习活动结束之后，还能对知识进行必要的梳理，从而实现知识的进一步内化。

2. 实践能力

学生不仅要掌握扎实的韩语知识，而且还要具备将这些知识运用到实践中的能力，也就是能灵活解决各种在实际交往中容易出现的问题。

3. 语言表达能力

要有意识地训练学生的语言表达能力，如为学生提供在众人面前演讲的机会。

### （二）教学内容设计

1. 教师课前导学部分

教师在课前需要让学生了解其在预习过程中应该注意的地方，并给学生提一些问题，使其可以在预习的过程中边预习边思考。

2. 学生课外自学部分

在课外学习环节，教师要为学生选择合适的内容，具体来说，在选择内容时应该遵循两个原则：第一，应选择合适的内容，难度不能过高，也不能过低。第二，选择相对来说没有那么重要的内容，因为在课外学习环节，学生开展自主学习活动的能力有限，教师与同伴又没有参与其中，因此学生很难将重点内容理解得十分透彻。有些知识是比较难懂的，对于这部分知识，教师最好可以让学生提前一个学期学习，拉长预习的时间之后，其就能从更加深入的层次上了解知识，也能保证知识的全面性。当然，有能力的学生可以将所有的知识都学习一遍，即便这样，教师在课堂上也应该有针对性地讲解重难点知识，只有讲解清楚，学生才能从教师的讲解中了解自己在自主学习中存在的问题，才能跟着教师的节奏把握问题的关键所在。

3. 教师课堂精讲部分

因为一些基础知识学生在课前已经完成了学习，在课堂上教师只需要对其在学习中遇到的问题进行讲解即可。之后，教师的教学重点就应该放在讲解重要知识或者拓展知识上。重要知识与拓展知识都是韩语知识系统的一部分，只不过学生理解起来可能有一定的难度。因此，在实际的教学中，教师一定要把握这些知识的特性，细致地讲解，这样学生才能更为深刻地理解知识，才能不断拓展自己的知识视野，丰富自己的知识结构。由于教师是精讲教学内容，因此学生也会珍惜听取教师讲授教学内容的机会，更加认真地学习。

4. 课堂师生研究部分

这一环节主要是教师通过大量的案例引领学生去解决现实中存在的问题。在这一环节，教师要积极对学生的探究活动予以引导，并给学生指出其在探究活动中存在的问题，使其可以在审视自我中完成独立思考，这样其探究能力就能有所提高。

（三）教学评价设计

1. 在线测试

当学生结束学习之后，翻转课堂平台就需要对学生的学习效果进行评价，平台会自动收集学生的学习成果，同时会根据系统设置的标准对学生的作业进行批改，从而对学生的学习展开准确评价。在韩语翻转课堂教学中，可使用的在线测试形式有很多，其选择往往取决于学习目标的设定。

2. 课堂概念测试

这一评价方式并不正式，就是教师设置一定数量的题目，让学生回答，具体来说，学生可以通过举手、举指示牌（不同颜色的牌指代不同的选项）等方式回答问题。这一测试旨在让翻转课堂平台可以及时获取学生对知识的理解情况，这样教师就能实时掌握学生的学习动态，并根据学生的学习动态调整自己的教学计划。测验并不是针对个别学生的，也不会给出相应的分数或成绩，是一种低风险的评价方式。基于网络环境的概念测试能实现在一个大班教学中进行实时的评测，并能较快地统计其结果，以便教师及时做出教学调整。

3. 同伴评价

这是在合作学习活动中形成的评价方式，是一种科学的评价方式。借助这一方式，小组成员之前可以就其他人在小组活动中的表现对其打分，不仅要看其是否具有较高的韩语能力，而且还要看其是否在合作学习中展现出他们的协作精神。

## 三、韩语翻转课堂教学模式实施的有效策略

### （一）教师的教学策略

#### 1. 教师制作教学视频的策略

韩语教师不是制作翻转课堂教学视频的唯一角色，但却是主要的角色。笔者认为，在制作视频时，教师应该注意以下几点：第一，不能制作时间太长的视频，要根据人的注意力发展规律确定时长；第二，在声音方面，教师要注意保持声音的活力，要用生动的语言讲解枯燥的韩语理论知识；第三，还要把握好讲解的节奏，不能过快，也不能过慢；第四，学生学习的最大动力就是兴趣，因此在制作视频时，教师要注意内容的有趣性，以保证视频可以激发学生学习韩语的兴趣。

#### 2. 教师课堂教学的策略

教师实施韩语翻转课堂教学必须要有一定的教学策略做支撑，也就是说，教师要能运用一切合理的手段组织教学。在传统韩语教学中，教师使用的教学策略并不具备科学性，他们只是一味地将知识灌输给学生，学生毫无抵抗之力，教师传授什么，他们就要学习什么。但是在韩语翻转课堂上，这一情况被明显改变了，学生可以充分发挥自主学习的能力。

韩语基础知识的学习一般是被放在课堂上进行的，但是在韩语翻转课堂上，这一部分内容被放在了课前，这就让教师获得了更多自由的时间，利用这些时间他们可以更加详细地对教学活动予以设计。每个教师在长时间的教学生涯中已经积累了大量的经验，已经形成了固定的教学风格，正是因为如此，他们在开展韩语教学时总是会选择不同的教学策略。不过，需要指出的是，教师在选择教学策略时不能过于依赖自己的主观判断，而是应该从韩语教学的实际情况出发，从学生的学习需求出发。

在韩语翻转课堂上，虽然教师不再处于以往的主导地位，但这并不意味着教师无法对学生产生影响。相反，教师是可以对学生进行引导的，不过引导什么，怎样引导，就需要韩语教师仔细思考。

### （二）学生的学习策略

#### 1. 学生课前观看教学视频的策略

在课前教师一般会给学生提供提前预习的学习视频，这种视频的时间不长，内容也不

深，主要涉及一些基本理论知识。学生提前观看教学视频是非常有必要的，因为在观看完这些视频时候，能预先对自己的学习进行直观调控，同时也能把握自己后续学习的状态与计划。这一阶段观看视频的过程，从本质上来看，其实就是学生自主学习的过程，这一过程尽管不长，但因为没有教师的介入，所以需要学生具有较强的自制力与控制力，不为外界因素所干扰。因此，学生在观看视频时应该为自己选择一个安静的环境，使自己可以全身心地投入视频学习中。与此同时，学生在学习过程中肯定会遇到一些问题，有些学生遇到问题就逃避，选择结束视频，但是有些学生的探究能力很强，他们愿意再看几遍，直到自己全部弄懂。学生应该清楚，课前的预习非常重要，预习可以帮助自己打好后续学习的基础。同时，还需要强调的一点是，学生在观看视频的过程中可以记下一些重点内容以及自己产生疑问的地方，在课堂上，他们可以就有关问题向教师请教。

2. 学生独立探究策略

探究的内涵十分丰富，包括许多层次。其中，在韩语翻转课堂中起到积极作用的当属独立探究策略。我们不能对这一策略进行简单定性，因为要考虑全面，要认识到它是学习策略，也应该认识到它也是教学策略。经过学者的多年探索以及教师的深入研究，当前独立探究策略在教学中发挥出了明显的优势，展现出了不少特征，其中主体性是其最为突出的特征。

现代社会对人才的要求不断提高，要求人才不仅要具备扎实的专业知识，而且还要具有独立探究的能力。具备了这一能力，学生就能实现较好的创新，同时还能将个体价值呈现出来。这给韩语翻转课堂以启示，韩语教师不应该只是关注韩语教学的效果，而是应该关注学生学习韩语的每一个环节，也就是要围绕学生开展教学活动。在这一过程中，教师与学生的地位发生了变化，教师不再执着于自己的主导地位，学生的主体地位反而被凸显了出来。就是因为如此，学生对教师长期以来形成的依赖正在逐渐减少，学生的自主性逐渐获得了提高。当然，不可否认，虽然学生具备独立探究能力对其长远发展来说是有益的，但也应该清楚的是，独立探究的过程并不容易，在这一过程中学生不可避免地会遇到不少问题，这时教师应该对学生进行适当的引导。

## 四、翻转课堂在韩语教学中的应用

### （一）翻转课堂在韩语口语教学中的应用

1. 搜集教学材料，录制教学视频

教师应该借助网络大量搜集韩语口语素材，同时要确保所搜集素材的质量，保证课程内容能与搜集的素材紧密相关。当前，许多大型的教育网站都有韩语学习板块。尽管这些网站上有不少韩语学习资源，但是涉及韩语口语教学资源的内容相对比较少，因此韩语教师应该利用自己多年的教学与学习经验，为学生搜集更多有用的资料。教师制作口语视频时要注意一些事项，主要体现在以下几点：第一，要合理控制视频的长度；第二，要做到发音标准、语调优美；第三，要保证资料可以提高学生的学习积极性；第四，要保证内容具有很大的趣味性，这样才能激发学生对口语学习的兴趣。

此外，学生学习韩语口语知识、加强韩语口语训练，主要目的就是要与他人展开交际。基于此，教师在搜集韩语教学资料时，应该考虑学生的学习需求，应该保证所有的资料都应该是与学生的生活相贴近的。同时，为了保证韩语口语教学的有效性，教师应提前制订口语学习任务单，并将这个任务单发到班级微信群中，让学生提前对需要学习的知识予以了解。另外，还要根据学生的口语学习水平布置合适的学习任务，以保证韩语口语教学的针对性。

2. 优化课堂活动，打造高效课堂

实现韩语口语教学有效性的一个重要手段就是要进行课堂教学优化设计。在教学开始之前，教师应该为学生布置必要的预习任务，让其可以就一些基础知识展开学习，这里的基础知识既包括语音、语法、词汇等知识，也包括一些常用句型等知识。同时，还要强调学生在课堂上应该加强口语训练，只有通过大量的口语训练，学生的口语能力才会获得显著提高。教师还可以为学生组织多种多样的教学活动，为学生准备不同的主题，学生可以根据自己的喜好选择主题，展开探究活动。学生可以自行探究，也可以与其他人一起展开合作探究。无论采用哪一种探究活动，学生都应该积极应对，找到适合自己的学习方法。

这里主要介绍一下韩语翻转课堂教学中的小组合作教学。每个学生具有的学习优势是不同的，小组合作的形式能让所有学生的学习优势被集结在一起，能让所有的学生都获得表达自己看法的机会，而且在每个成员的互帮互助中，所有人的协作精神都会获得培养。为了提高自己的专业素质与能力，韩语教师也应该自觉地组织讨论活动，在这一活动中，教师之间可以分享自己在教学中总结的经验与教训，经验可以让教师进一步提升自己的教学质量，而教训则可以帮助教师少走弯路。

此外，教师在给学生布置口语学习任务之前，应该对教材进行具体分析，从教材中总结知识点，同时还要给学生补充适当的知识。布置具体任务时，教师不能脱离教材，当然任务也可以是教材的延伸。

**（二）翻转课堂在韩语阅读教学中的应用**

1. 课前教学设计

首先，韩语教师要选择合适的阅读资料。在以往的韩语阅读教学中，不少学生对韩语阅读教材提不起兴趣，在他们看来，教材上的知识是枯燥的，没能与时俱进。因此，教师在具体选择阅读教材时，应该从趣味性的原则出发，在保证自己选择的材料与时代发展一致的同时，还要保证它的趣味性。此外，还应该注意的是，教师选择的阅读材料的篇幅不宜过长，这是因为在韩语翻转课堂上，阅读教学的目标是让学生展开深层次阅读，在阅读过程中积累韩语知识与韩国文化知识，过长的篇幅可能会让学生产生反感，也可能会让学生无法坚持下去。

其次，教师要对选择的材料进行分析，并在对其整理、归纳的基础上，来制作翻转课堂教学视频。教师在制作视频之前应该对自己将要讲解的内容进行分析，了解内容应该被分成几个部分，确定应该制作几个视频，同时视频长度不宜过长，控制在十分钟左右就可以了。教师在视频中可展现的内容有很多，不仅可以展现学生需要在阅读过程中掌握的词汇、语法等知识点，而且还要让学生在阅读过程中提炼一些阅读技巧，并使其可以将这些阅读技巧运用到后续的韩语阅读中。

最后，学生观看韩语翻转课堂阅读视频，要正确区分其中的内容，对于自己感兴趣的内容，学生应该自行对问题进行整理，同时有针对性地开展学习；对于一些有难度的内容，学生可以向同学求助，也可以向教师请教。

2. 课中教学设计

阅读理解包括两种层次，一个层次是字面层次，在完成了观看教学视频这一学习环节之后，学生的阅读理解就停留在这一层次上，学生可以对阅读材料中的词汇、语法、句型等知识进行正确掌握，也能接受最基本的文本信息，同时在自己的头脑中可以形成一些固定概念。另一个层次就是评断层次，这也是韩语阅读教学以及学生阅读学习的最高层次，这个层次要求学生可以从阅读材料中全面地收集知识。这一层次目标的实现并不容易，学生需要展开深入阅读，并能对其中涉及的方方面面的语言知识与文化知识有全面的掌握。观看完课前阅读教学视频之后，学生就能对视频中涉及的阅读知识有基本的了解，因此到了课堂上，教师就需要提高对学生的阅读要求，学生可以边读边写，也可以要求学生读完再写，写是必需的一个环节，因为写不仅能帮助学生从整体上把握语篇意义，而且还能帮助学生提高阅读技能。此外，教师还应该帮助学生在阅读过程中形成一个良好的态度，要能做到仔细研读，这是能促进学生高阶思维形成的方法。

上述活动，笔者认为应该在课堂上完成，因为这样教师就能在第一时间掌握学生的学习情况。与此同时，为了保证学生课堂学习的效果，教师还可以给予学生一定的示范。此外，还能对学生进行分组，让他们根据兴趣展开小组讨论活动，在小组讨论过程中，学生就能对整篇阅读材料有多重理解。

3. 课后总结与巩固

阅读课堂结束并不意味着阅读教学的结束，教师在课下应该对学生在课堂上出现的问题进行及时归纳与总结，将对学生评价的结果通过网络平台反馈给学生，同时对学生积极的学习行为予以肯定，同时对学生不当的学习行为予以纠正。学生在了解到教师给予自己的反馈之后，就可以审视自己过往的阅读活动，并结合教师的建议调整自己的学习计划，从而促进学生阅读能力的提高。

**（三）翻转课堂在韩语翻译教学中的应用**

1. 课程开发

通常来说，课程开发是由教师来完成的，它是一切教学活动的基础。在课程开发过程中，教师应该对学生现阶段的认知结构予以掌握，同时应该考虑学生对新知识的接受程度，考虑学生内化知识的能力，并在这个基础上选择合适的课程资源。

教师课程开发还包括制作视频的问题，教师应该开发一切可以开发的网络教育资源，并运用信息技术手段开发网络课程，然后提供给学生观看，视频所包括的内容应该尽量丰富些，不仅要包括翻译基础理论知识，而且还应该包括翻译技巧与策略。在翻转课堂中呈现知识，教师要保证呈现知识的多样性，可以使用演示文稿的形式，也可以使用计算机等形式，总之教师要灵活选择合适的形式向学生传授翻译知识。

2. 学习先行

这里的学习先行本质上指的就是自主学习，这一行为可以发生在课前，也可以发生在课后。教师应该为学生挖掘更多的学习资源，而当教师将这些资源提供给学生之后，学生就应该好好利用，积极地开展自主学习活动。观看教师提供的视频，学生能掌握基本的翻译理论知识与技能；对于一些相对来说比较难理解的知识，学生就需要反复观看学习，同时为了尽快解决自己在学习中遇到的问题，学生还可以主动与同伴、教师展开交流，以使自己可以从同伴、教师那里获得指导。

3. 课堂内化

把学习先行的理念引入课堂教学活动，对教师与学生来说都是一个不小的挑战，因为他们都需要面对新的情况、新的知识。在课堂上，教师要对学生的问题给予解答，同时运用丰富的形式帮助学生梳理翻译知识，强化翻译知识，这样学生固有的翻译知识将会得到继续巩固，新的知识也能实现内化。

4. 评价反馈

学生学习结束之后，教师需要对学生的学习成果进行评价。比如，如果教师想要了解学生的段落翻译能力，就可以通过向学生布置翻译段落测验的方法来实现。一般来说，评价反馈的重要功效可以从以下两个方面体现出来：一方面，对学生的学习结果予以监测，同时还要对学生的翻译实践能力予以了解；另一方面，能对学生的教学效果予以揭示。

5. 研讨总结课堂

这里的总结主要指的就是总结成功的经验，对教学中的问题进行揭示，并根据这些问题提出对应的解决策略。研讨总结并不是韩语教师一个人的任务，学习者也应该参与进来，与教师一起探讨，共同成长。教师开展的教学活动涉及许多环节，因此教师不仅要对所有的环节进行把握与反思，而且还要从学生、同事那里获得反馈，这样对自己的认识就会更加全面，对自己开展的教学活动也能有清楚的了解。

在上述五个步骤中，第一个步骤的实施必须要保证教师可以对学生学习水平有准确的了解，第二个步骤则需要教师给学生提供丰富的翻译段落资源，剩余的三个步骤则需要教师与学生共同努力。在教学中，占据主导地位的是学生，而教师在其中只是扮演着辅导者的角色。

# 第二节　依托慕课的韩语教学发展

## 一、慕课概述

### （一）慕课的内涵

现阶段，信息技术正在快速发展中，它带给人类丰富的知识，能让来自世界各地的人们共享巨大的知识宝库。可见，知识的发展呈现出明显的全球化趋势，人们在知识全球化背景之下开始共享人类文明发展的成果，也是在这种情况下，慕课应运而生了。

慕课是一种规模较大的网络课程，它具有开放性特征。所有人，只要有网络，有硬件设备，就能获取慕课资源。起初，慕课的发起人都是一些具有分享与协作精神的人，他们将自己制作的教育视频上传到网上，任由网上的其他人下载和分享资源。

### （二）慕课的特点

#### 1. 高度的互动性

慕课从本质上来看也是一种网络课程，但是它与一般的网络课程存在显著的差异，最主要的一个差异就是体现在互动性上。慕课能让教学各要素之间展开频繁互动，尤其是教师与学生、学生与学生之间的互动，是最为频繁的。

师生互动：学生可以将自己的疑问在课堂上提出来，这样一位教师就会面对许多学生，因此这种互动形式就是一种一对多的互动形式；此外，在课下，教师还可以预留出一些时间与学生加强互动，对学生的课下学习情况予以了解，通过课后测试实现与学生的一对一交流。在慕课平台上，教师可以随时了解学生学习的一举一动，当发现学生遇到问题时，教师应该积极地为其提供解答。

学生互动：在慕课教学过程中，也可以采用合作学习的方式。教师可对学生进行分组，分组的依据是学生的学习水平，将学习水平相当的学生分配在一个小组内，并给每个小组分配一个合适的主题，让他们围绕主题展开讨论。每一位学生都有表达自己想法的权利，他们可以在讨论中自主地表达自己的看法，同时积极吸取别人的意见，从而不断提升自己的学习能力。在探讨主题内容的过程中，学生肯定会产生一些疑问，他们可以先在小组范围内解决，当小组成员都无法解决这一问题时，学生就可以向教师请教。

#### 2. 学习的便捷性

过去，传统课堂上的关系为"教师主导、学生遵从"，但是在慕课背景之下，师生之间的关系发生了明显的改变，"双主"关系这种新型的师生关系就形成了。课前，学生负责收集与其课堂所学有关的知识，可以搜集一些文本资料，也可以搜集一些音视频资料，无论这些资料的形式如何，学生都应该确保资料是有利于其课堂学习的；课中，学生应该自行选择学习方式，开展自主学习探究；课下，当学生遇到了难题时，其就能通过不同的媒介展开讨论，这里的媒介主要表现为微博、微信等。在慕课教学中，教师与学生发挥的作用是不同的，教师发挥的是辅助作用，而学生发挥的则是主体作用。

无论是教学环节，还是学习阶段，慕课都是一种在线活动，视频时间都不长，维持在十分钟左右。在实际的教学活动中，教师采用的教学方法并不固定，内容呈现形式同样不固定，可以利用图片呈现内容，也可以利用视频呈现内容，这样学生才能激发自己学习的兴趣。在慕课模式之下，有关学习的很多要素都发生了显著的变化，不仅学习的时间、地点发生了变化，而且学习者的学习方式也发生了变化。因此，学生没有必要特意留出时间去观看慕课视频，而是可以将自己碎片化的时间利用起来，自由地开展学习活动。慕课平台还有着一个完善的评价系统，当学生在慕课平台上观看完慕课之后，就可以做视频后面的习题，当习题结果被提交到系统中时，慕课系统就能对学生的学习展开全面评价。根据评价的结果，学生可以对自己有更加清楚的了解，对自己的学习也能做到全面掌握。

3. 受众的广泛性

在信息技术的飞速发展之下，慕课的影响力逐渐扩大，受到了全世界民众的欢迎。可见，其具有显著的受众广泛性特征。

慕课是一个开放的系统，来自世界范围内的人都可以在慕课平台上注册账号，在有网络的前提下，其就可以通过登录账号获取一些慕课资源。通常来说，这些资源都是免费的，学习者可以随意观看或下载。

慕课的参与人数是没有限制的，这其实就是彰显了它的规模性。慕课的规模十分庞大，这可以从以下两个方面体现出来：一方面，慕课课程学习的人数众多；另一方面，慕课课程资源所包含的内容十分丰富，甚至能将全球范围内各大名校的优质资源涵盖其中。慕课不仅可以给学习者提供大量的学习资源，而且还能向全世界人们传播文化，让其对各种领域的文化有一些了解。

4. 课程的免费性

一直以来，慕课的目标都是向所有人开放资源。慕课课程并不是某个人或某个组织的成果，它是许多个体、高校、组织共同建设的学习平台，可以为来自世界范围内的人提供免费的优质课程。学生在慕课平台是不需要支付任何费用的，不仅如此，其还能获得比之前传统课堂更多的、更专业的知识。这样，学生的知识体系变得更加丰富，学生的视野也更开阔。

**(三) 慕课的意义**

1. 促进教师角色的转变

慕课给予了教育教学巨大的冲击，更是让教师角色发生了显著的变化。过去，教师的角色比较单一,而现在,教师角色变得越来越具有多元化特征。教师不仅成为学生学习的陪伴者与引导者,而且还成为实践教学的组织者,正是因为教师角色有了多元性的改变,所以教师的任务也增加了,教师必须要正确对待这件事情。

2. 促进学习方式的多样化

第一,提升了学习者的自主性。在慕课平台上,学生的自主性明显提升,这体现在学生可以根据自己的兴趣、自己专业的需要选择课程。慕课平台具有多重功能,不仅具有在线答疑功能,而且具有在线交互、在线评价等功能,丰富的功能让学生的学习活动有了更大的可能性,同时也给其探究更多解决问题的方法提供了可能。在慕课平台上,学生没有必要被动地接受教师传递的知识,而且掌握了学习的主动权,可以自主选择学习内容,可以自主选择学习方式。

第二,让学生碎片化学习的目标实现了。学生传统的课堂学习需要接受相关部门与学校的统一安排,即使是课外学习,也需要是连续性的,不能中断。但是在慕课平台上,学习者不受时空的限制,能合理安排自己琐碎的时间完成学习。慕课提供的知识点都是一个个小的知识点,学生将生活中零散的时间利用起来就能完成一个知识点的学习。可见,慕课不仅让学生的时间被高效利用起来,而且还提高了学生学习的效率。

第三,能让学生的学习向智慧化方向发展。学生在慕课平台上的所有学习轨迹都能为平台所掌握,根据搜集到学习者的学习动态,它可以对学生真实的学习情况具体分析。而分析的结果对于平台的发展也是有利的,因为结果会被平台"记"住,之后学生再登录慕课平台,平台就会给其推送其需要、感兴趣的课程,所以这让学生不用花大量的搜索时间就能获取自己需要的学习资源。

3. 促进教学模式的创新

传统教学是一种固定的单向的"教与学"关系,在这种关系中,教师主动向学生提供知识,学生则被动地接受知识。慕课将这种情况完全改变了,学习主动权回到了学生手中,他们可以自主选择学习的知识与方法,而教师以辅助教授为主,在学生学习中扮演引导者的角色。

4. 促进教学内容的改变

传统课堂教学是围绕着教材进行的,教材的容量有限,且许多教材有着很强的滞后性,因此与慕课相比,传统教学的确在教学内容上存在明显的弊端。慕课不仅可以吸收世界各大高校优质的教育资源,而且还能将一些全球性涉及教育主题的会议内容收录到平台中,这样慕课内容体系就变得非常丰富。

从教学内容层面上来看,慕课教学内容设计非常具有吸引力,能吸引世界各地的人们学习慕课课程。它将一个大的知识点分成不同的小知识点,然后每一个知识点对应一个视频,这样庞大的教学内容理解起来就变得更加容易。且需要指出的是,慕课提供的教学视频时间是有限的,往往维持在 20～30 分钟的时间。慕课的发展还呈现出了社会化倾向,在展示、解答问题时，它可以通过学习社区的形式实现，同时这种典型的社会化活动让学习成为一种可以实现知识共享的活动。

从慕课本身的层面上来看，慕课还有很长的一段路要走，它还需要在课程标准方面有所突破，需要在长久发展的内驱力上寻求突破。部分教师与学生接触慕课的时间并不长，对于他们来说，慕课带来的是机遇，也是挑战。

## 二、依托慕课的韩语教学发展路径

### （一）做好充足准备

慕课教育倡导优质的教学质量。因此，对于了解韩语教学实践的韩语教师来说，其应该主动参与慕课教学视频的制作，甚至应该成为视频制作的主力。这就对教师提出了一定的要求，不仅要求教师要掌握足够多的教学技能与专业知识，而且还要有较高的信息素养。

语言教学重视的不应是理论教学，理论固然重要，但是实践能力的培养也很重要，如果学生只是掌握了韩语理论知识，而没能掌握韩语应用能力，那么其就不能在交际中使用韩语顺畅地进行交际。因此，在教学中，教师应该注意把握教学的内容，多从慕课平台上获取一些与韩语文化有关的知识，同时还要考虑学生的学习需求。

在具体开展教学之前，教师一定要做好充足的准备工作，要对当前韩语教学的研究动向予以掌握，要详细分析韩语教学大纲，总结韩语教学方法，并在此基础上围绕教材、慕课资源编写教案。此外，韩语教学内容众多，为了提高教学的质量与效率，教师应该对这些内容进行分类，可以根据语言、文化的大类划分模块，然后再根据语音、词汇、语法等小类划分模块。要将所有琐碎的知识整合起来，形成一个思维导图，这样教学起来就会非常清楚，学生学起来也会有一定的目标。

### （二）创建校内韩语专业慕课技术团队

慕课在学校的应用需要一个强有力的专业团队做支持。一般来说，这一专业团队是由以下三个部分组成的：第一部分为专业的教师团队，教师的主要内容就是对所有的知识点进行合理筛选，提炼教学大纲中的重难点，并对教学内容进行系统性归纳；第二部分是技术人员，其任务众多，要负责视频的录制、剪辑、上传，同时视频的后续更新、慕课平台的维护等，都需要他们来完成；第三部分为市场部，他们的任务就是收集慕课课程信息，对慕课平台上学习者的反馈进行总结，并与专业教师团队时刻保持沟通，进而合理调整教学内容，以满足学习者的需求。

为了让团队保持其专业性，高校应该投入人力与财力对这些人员展开必要的培训。通常情况下，培训内容是丰富的，主要可以分为以下三个部分：第一，要对专业教师团队展开培训，不仅让其掌握专业的知识，而且还要让其掌握必要的技能；第二，不仅要培训技术人员的视频制作能力，而且还要培训技术人员的后期维护能力，必须要指出的是，一个高质量的视频当然与制作者的制作能力有关，但是要长久地维持视频的高质量，就需要制作者具备较高的后期维护能力；第三，对市场部人员进行营销、管理、人际交往等方面的培训，以使其可以对学习者的心理、行为有足够的了解，从而可以从他们那里获取更为准确的反馈信息。

**（三）实践慕课韩语教育**

大数据技术给韩语教育带来了巨大的改变，同时也给韩语课堂带来了巨大的改变，并且还让教师与学生之间的互动机会增加了。教师是教学活动不容忽视的参与者，他们的思想、行为都能对学生产生不小的影响，尤其是在传统韩语课堂上，教师更是在其中发挥着重要作用，主导韩语教学的走向。

但是在信息时代，韩语教师与学生之间的关系借助网络交流平台更加亲密了，他们将交流互动延伸到了慕课平台上，这样教师就能及时掌握学生韩语学习的真实情况，学生也能将自己的不足展现给教师，以使教师给自己提供必要的指导。

**（四）提升学生学习主动性**

在传统韩语课堂上，教师的教学理念固化，使用的教学方式单一，这让学生的学习信心被削弱。不过，将慕课引入韩语教学，学生就能利用各种有趣的视频学习韩语知识，这样就能调动起他们学习韩语的兴趣，也能坚定其学习韩语的信心。

将慕课应用于韩语教学中，教师应该对韩语教材进行全面的把握，将所有的知识点都梳理出来，最好可以形成一个系统框架，并在此基础上从互联网上搜集各种与教学内容有关的图片、音视频等资料。当资料搜集完毕之后，教师就可以运用自己掌握的信息技术对这些资料进行分析、总结，并凝结成教学视频，也可以将教学视频发布到班级群或者学校建立的网络平台上，这样学生就能随时随地地观看视频。学生自行观看视频的过程中可能还会对某些问题存在疑惑，当疑惑出现后，学生就可以按后退键找到自己疑惑的地方，并对这部分的视频反复观看，以实现真正的理解。如果学生在观看几次之后依然不能理解，就可以在视频下方留言，其他同学看到之后就会为其解答疑惑。当然，学生也可以直接向教师请教，而教师则需要在第一时间给予学生讲解。在顺畅、高效的韩语学习过程中，学生的韩语学习兴趣被激发出来了，他们也会更加喜欢学习韩语。

**（五）开展个性化教学**

每个学生的学习能力不同，韩语学习的水平也存在显著的差异，基于此，教师在具体教学中不应该使用统一的教学方法，而是应该根据每一个学生的实际情况开展个性化教学。

教师需要对学生进行分类，可依据他们的学习成绩与实际的能力对学生进行分类，可以将他们分成 A、B、C 三个类别，并制作相应的慕课。对于能力相对较强的 A 类学生来说，教师应该在讲授课本基础知识的同时为其适当延伸一些有深度的内容，以满足其学习更多知识的需要；对于 B 级类学生，他们的能力不突出也不差，教师在视频中主要应该呈现的是一些重点内容，他们掌握这些内容就可以提升自己的学习能力；对于 c 级学生，他们的能力较差，教师在视频中应该呈现韩语基础知识，只有当他们掌握了基础知识，教师才能为其提供一些有难度的知识。

### （六）丰富教学内容与形式

首先，教师可以在保证书本知识的基础上延伸教学内容，这能使教学内容体系更具全面性。在课堂上，教师需要对一些重点词汇、语法等知识进行强调，并鼓励学生将学到的知识运用在生活实践中，通过生活中的巩固强化，学生的知识将会掌握得更牢。每一个慕课视频呈现的知识点都具有针对性，教师可以根据教学内容为学生选择一些慕课视频，这样学生在学习过程中就能形成系统的知识结构。

其次，教师要在课堂上开展模仿教学、合作教学活动。学生学习韩语时在口音上是个大问题，因此教师可以在课堂上向学生播放专业的韩语发音音频，然后让学生跟着读。同时，教师可以根据学生真实的学习情况对学生进行分组，然后分配给各小组不同的主题让他们讨论，这样其就会在讨论中提升自己的学习效率，同时也能提升教学的趣味性。

最后，教师要及时补充学生的知识。学生观看完视频可能会存在一些困惑．针对学生的困惑，教师要给学生补充知识，让其在开阔知识视野的同时消除自己的学习困惑。

### （七）加强学生对知识的理解与记忆

学习韩语不可避免地要学习大量的语法知识，要积累大量词汇。但是，人类有着一定的记忆规律，经过一段时间之后，如果学生无法对这些知识加强巩固，其就有可能会忘掉这些知识。因此，当教师讲解完知识之后，需要对所有的知识点进行总结、归纳，最好可以借助慕课的方式实现，因为每一个慕课视频主要针对的是一个知识点，这样学生的学习就有了针对性。同时，学习完所有慕课视频之后，所有的知识点就会被串联起来，那么学生就能掌握较为系统的知识。知识都是具有连贯性的，韩语知识也不例外。因此，在教学中，教师要有意识地保持学生韩语知识掌握的连贯性。具体来说，在新课开启之前，教师可以让学生观看慕课视频的方法巩固过去所学的知识，当学生对过去所学的知识有了准确、全面的掌握之后，教师就可以向其传授新知识。

# 第三节　基于微课的韩语教学发展

## 一、微课应用于韩语教学中的环节

从表面实施形式上来看，微课与其他的教学模式一样，也是通过以下三个环节开展的。

第一环节为课前准备。这一环节应该从以下三个方面进行：首先，教师应该在对全体学生学习韩语的情况全面了解的基础上帮助学生制订学习计划，并提供给学生课前学习的微课视频。其次，要帮助学生制订科学的学习方案，让其按照学习方案上的计划去开展学习活动。同时，还要编写导学案，对学生的学习进行积极引导。最后，教师要对教材进行具体分析，并在此基础上确定重难点，同时让学生学习这些知识。

第二个环节为课中授课，这一环节是由以下四个方面组成的。

1. 导入课题。导入是课堂教学的开端，在教学中发挥着重要的作用，这可以从其能激发学生的学习兴趣上体现出来。因此，教师在进行导入时需要考虑教学内容，依据教学内容选择合适的导入方式。

2. 具体讲解课堂内容。学生已经提前学习了微课视频中的内容，在课堂上，教师可以根据学生的疑问有针对性地讲解内容，同时还要对一些重难点内容进行讲解，这样才能较为全面地掌握知识。

3. 帮助学生巩固所学，并使其可以将所学运用在实际的交往中。教师可以先让学生完成课堂作业，根据课堂作业的完成情况，教师可以掌握学生真实的学习情况，并根据这些情况来帮助学生巩固过去所学的知识。当学生学习的知识得以被巩固之后，其就可以在人际交往中大胆地运用这些知识，而且运用知识的过程也是对学生掌握知识程度的一种验证。

4. 知识延伸。教师了解了学生的学习情况之后，就能对其学习优势与劣势予以掌握，对于学生在学习中具有的优势，教师应该帮助他们继续保持；而对于学生在学习中具有的劣势，教师应该进一步向其提供更多的知识，以弥补学生在知识储备上存在的不足。

第三个环节为课后反馈，它主要是由以下三方面的内容组成的。

1. 课后的作业布置。教师为学生布置的课下作业应该是与其在课堂上讲授的知识一致的，这样才能根据学生的课下作业成果来检验课堂所学效果。

2. 学生的自主复习。倘若学生觉得自己学习的内容有些没有实现内化，这时就可以利用教师提供的微课视频进行知识的再次回顾。当然，这一过程并没有教师的参与，是学生自行开展的复习活动。

3. 学生互动讨论。学生在学习过程中难免会遇到一些问题，当这种情况出现之后，学生可以与其他同学一起观看相关知识的微课视频，并展开互动讨论。在讨论过程中，学生不仅能巩固旧知识，而且还能形成更加开放的思维，对更多的问题予以思考。

微课是现阶段为教师与学生比较推崇一个教学模式，它有着自身独特的优势，不仅浓缩了很多知识精华，而且学习起来也比较灵活。正是因为如此，微课为韩语教学提供了一个更好的出路，借助微课教学模式，韩语教学的质量提高了，学生的学习质量也提高了。

## 二、韩语教学中微课和传统课堂的区别

### （一）授课时间变化

微课是由不少要素组合在一起的，其中最为核心的部分是教学视频。不过，它与传统课堂教学在时间上有着明显的差异。后者的时间很长，一般维持在 45 分钟左右；而前者时间较短，通常维持在 6～8 分钟。正是因为时间短，微课所呈现的内容往往是传统课堂课堂教学的某一个片段。

### （二）教学内容和教学方法变化

在传统课堂教学中，一个教师面对的是几十甚至是几百个学生，这给教师带来了较大的教学压力，同时也让学生无法获得高效的学习指导。微课改变了这一情况，它是一种一对一的教学模式，在信息技术的支持下形成了丰富的教学情境，在这个教学情境中，学生可以很好地参与教学活动，同时也能加强与教师的互动。传统课堂教学中涉及的内容有很多，且没有针对性，但是在微课堂中，每一个课程都有着明确的主题，这些主题也具有科学性与合理性，这是因为它们都是源自教师的教学实践。尽管微课呈现的内容不多，但是这些内容浓缩的都是课堂知识中的精华，针对的是学生在预习阶段产生的学习疑问，因而主题更为突出，内容较为简洁。

### （三）师生角色变化

教师与学生的角色发生了显著的变化。过去，在传统课堂上，教师的角色是唯一的，其扮演的角色为知识的传授者。在微课堂上，教学的重点不再是教师的教，而是学生的学，学生可以在很长的时间内完成知识的内化，也能开展自主学习活动。在这样的过程中，教师的主体作用被发挥了出来，教师成为辅导者与协调者。

### （四）教学设计变化

教师存选取微课内容时一般会遵循两大原则：一个是主题突出，另一个是指向性明确。教师运用不同的教学视频将课本上的所有知识点串联起来，教师一般会将课本基础知识、重难点知识以及学生容易出错的点呈现在视频中。很明显，在微课堂上，教学更具针对性，不像传统课堂那样对学生进行知识的全面灌输。

### （五）课后的反馈变化

过去，教师在教学结束之后一般都不会与学生展开互动，这让其无法从学生那里获得自己真实的教学情况。但是在微课堂上，教师为学生创设了一对一的教学情境，当课程结束之后，学生是可以将自己的疑问以及对教师教学的看法告知教师的。当教师了解了这些情况之后，就可以根据自己在教学中存在的问题有针对性地解决。

## 三、韩语教学中应用微课的必要性

### （一）可以充分迎合学生的学习需求

学习韩语除了要积累大量的词汇与语法等知识之外，还需要加强语言知识的巩固与训练，微课刚好就能满足这一要求，因而在韩语教学中引入微课是可行的。

首先，微课视频短，学生不需要花费太多时间就能掌握知识，而且还能随时随地学习。同时，微课所包括的内容虽然不多，但是胜在精湛上，学生利用碎片化学习方式就能完成对知识的高效学习。

其次，能给予学生丰富的感官刺激，帮助其巩固记忆。微课是包括教学视频的．教师制作的教学视频并不是简单地呈现知识，而是重视知识呈现的形式，注重视频的生动性。观看了这些生动的视频，学生可以获得丰富的感官刺激，并不断提高自己的效率。此外，教师还可以利用微课平台加强与学生的互动，帮助学生调动自己的感官，从而加深对知识的记忆。

最后，能帮助学生较好地适应学习内容。韩语教学内容体系十分丰富，学生要想高效掌握这些知识，最好可以将其模块化，而微课就针对某一个知识点展开具体论述，可见微课满足了韩语教学模块化学习的要求。

### （二）能够拓展补充课堂教学

微课在韩语教学中的应用主要可以通过以下三种模式实现。

第一，课前微课。让学生可以在课堂教学开启之前就学习相应的知识，这样课堂教学时间就被节省下来了。

第二，课中微课。在课堂上，教师可以就教学内容向学生播放一些相关的视频，这在一定程度上能减轻教师的教学压力，同时还能加强教师与学生之间的良好互动。

第三，课后微课。学生在课前、课中学习的知识多为一些基础性知识，为了进一步丰富学生的知识结构，教师可以在课后为学生准备微课，通过这些课后微课，学生能进一步延伸自己的学习空间。

微课在韩语教学中的融入，能让教师与学生角色得到优化。其中，两点特征最为明显。

第一，微课能摆脱过去灌输式教学的束缚，能释放教师的教学压力，让教师可以有更多的时间与学生展开互动。同时，教师的角色在微课应用过程中发生了明显的变化，其原本的主导者角色慢慢被淡化，开始塑造自己引导者的角色。

第二，在微课被融入韩语课堂教学之后，学生的学习时间更加自由，他们可以自行寻找时间进行课前预习与课后复习，这就在很大程度上提升了其学习的主动性，同时也为其后续的学习打下了坚实的基础。

## 四、韩语教学的微课设计原则

### （一）主题的设计原则

主题是微课教学不容忽视的重要内容，它旨在让学生通过了解、讨论主题完成对知识的学习。教师在选择微课主题时一定要从多方面考虑，不仅要考虑主题的数量，而且还要考虑微课的质量。一般情况下，教师只需要选择一个主题展开针对性教学即可，同时还要确保在不长的教学视频中汇聚更多优质的知识。

在主题设计时不应该包含所有的内容，这是不现实的，要有针对性。教师应该对教材予以全面分析，并形成一个韩语知识框架，根据这一框架选择重难点内容在微课中呈现。也就是说，最好可以把握学生的学习情况，为不同学习层次的学生提供专属的微课内容。

### （二）媒体设计原则

教学内容被呈现出来需要有一定的媒体做支撑，值得注意的是，媒体种类多样，不同的媒体所产生的教学效果是有所差异的。因此，教师在设计微课时应该选择合适的媒体。

在进行具体的微课设计时，教师一般会选择一个固定的主题，然后围绕这个主题设置教学情境，而为了让教学的效果更加突出，教师应该选择那些与教学情境相匹配的媒体形式。韩语是一门语言，语言学习的重点之一就是要多听多练，因此教师可以使用音频形式呈现教学内容，根据学生学习水平的不同选择难度不同的听力材料，同时在播放速度上也应有所差异。另外，在播放音频时，教师应该考虑播放的时间问题，过长、过短都不好，过长容易让学生产生听觉疲劳，而过短又达不到教学的效果。因此，教师应该总结自己过往的教学经验，确定好合适的音频播放时间。音频中会包含音效，不同的音效对学生的学习产生的影响也不同，这一问题教师也应该注意到。

除了音频这一媒体形式之外，视频、动画也是能提高韩语教学质量的媒体形式。因为视频与动画给学生呈现的是与其生活的客观世界相似的环境，所以往往能吸引学生的注意力，可以使学生更加主动地学习视频与动画中呈现的知识。

这里还需要强调的是，并不是说在韩语教学中使用的媒体形式越多，学生学习韩语的积极性就越高，韩语教学的质量就越好。相反，如果媒体形式过多，会导致课堂的混乱，甚至还会给学生带来很大的负担。因此，对于韩语教师来说，必须要准确把握不同媒体形式的特点，根据教学内容选择合适的媒体形式。

### （三）素材设计原则

教学素材是教师重要的教学内容来源，合适的素材能显著提高教学质量与效率。教师在进行素材选择时需要考虑的因素有很多，其中一个就是要考虑素材的大小。素材不宜过长，太长的素材可能会占用许多课堂时间，也会给学生造成学习负担。要考虑分辨率，要保证素材的分辨率较高，这样画面才会清晰，学生学习起来也会比较容易。要考虑素材的格式，视频格式多种多样，但是有些格式有其固定的播放软件，因此教师应该选择那些通用的视频播放格式。

此外，素材要能激发学生学习韩语的积极性，教师可以提供给学生一些广受欢迎的韩国电视剧、电影等，在观看过程中，学生不仅能了解韩国文化，而且还能锻炼自己的韩语听力与口语能力。

## 五、韩语教学的微课设计策略

### （一）界面优化策略

微课是以互联网为载体的教学模式，因此微课的界面会在一定程度上影响学生的学习，一般来说，那种有着美观、简约界面设计的微课视频往往能吸引学生的注意力。

在进行微课界面设计时，教师需要考虑多方面的因素：要考虑配色，保证所有的色彩融合起来可以给人一种舒服的感觉，这样学生就会更加愿意学习。要考虑字体，选择简洁大方的字体，最好可以使字体统一起来，多样的字体会给学生带来混乱的感觉，不利于其学习。要考虑色彩，在色彩的选择上要选择那些能第一眼就吸引到学生的色彩，不能使用太多色彩，否则学生很可能会产生视觉疲劳。要考虑排版，排版最好简洁一些，各要素的风格要统一。

### （二）主题与素材的选择策略

韩语教学的主要目的就是要让学生掌握扎实的韩语知识，并能在实际的交际中运用这些知识，因此教师在选择主题与素材时应该选择一些与学生的实际生活相贴近的主题与素材。

语言与文化的关系是十分紧密的，对于韩语学习来说，学生不仅要学习韩语语言知识，而且还要学习韩国文化，通过韩国文化学习实现韩语学习水平的提高。因此，在选择主题与素材时可以从韩国文化出发，选择那些能够体现韩国原汁原味的文化的材料，这样学生在实际的交往中就不会出现基本的文化失误。在课堂上，教师可以为学生提供韩国原创的影视文化作品，并为学生创设韩国文化情境，在相对真实的文化情境中，学生就能全面掌握韩语语言与文化知识。

### （三）互动式交流的设计策略

教学是师生互动的一个过程，在教学活动中，教师可以掌握学生的学习情况，通过与学生交流，也能从学生那里获得关于教学效果的客观评价。在韩语教学中，韩语教师必须要重视与学生之间的互动，在微课界面设计时可以增设互动功能，当学生在学习中遇到问题时，他们就可以将自己的疑问写在互动版块上。这样，教师看到之后就会为学生解答。

## 六、微课融入韩语教学的步骤

### （一）制作和收集微课教学课件

在制作微课教学课件时，教师要根据不同阶段的学习任务进行，也就是说，要分别制作出适合学生课前、课中、课后学习的微课课件。每一种微课课件所发挥的作用是不同的，课前微课的主要作用是让学生能提前预习知识；课中微课的作用是让学生做好练习，加强与他人的互动；课后微课的主要作用是让学生学习的知识得以巩固。

除此之外，教师还应该注意课件制作的质量，要从学生的学习兴趣出发，搜集多种材料，结合教学内容制作生动的课件。在内容方面，教师除了要保证课本上的基本知识在课件中有所体现之外，还需要将一些重难点内容呈现出来，这样学生就能了解知识之间的差异。

### （二）课前发布微课学习视频

教师在制作完成韩语微课课件之后，就需要将微课视频上传到相关平台上，让学生观看视频，提前学习。教师制作的微课课件是具备可重复观看特性的，如果学生在观看视频的过程中对某些知识点存在疑问，其就可以点击"暂停""倒放"等按钮对知识点进行反复学习，在反复学习中学生就能掌握这些知识。此外，在观看视频的过程中，学生还需要边看边做笔记。如果学生想要在第一时间了解问题的答案，他们也没有必要等到教师的课堂讲解，其可以在微课视频下面给教师留言，教师看到后自然就会给他们解答。

### （三）课上利用微课练习和互动

在微课堂上教师的角色发生了显著的变化，不再是单纯的知识传授者，而是学生学习的引导者，能与学生展开良性的互动。

首先，教师要让学生在课堂上展示自己的微课笔记，并就自己的所学知识在全体同学面前进行总结。学生也可以将自己在课前预习过程中存在的疑惑在课堂上提出来，然后教师会给予解答。

其次，当教师了解了学生基本的预习情况之后，就要在课堂上播放微课视频，针对学生提出的问题，结合视频展开具体讲解。同时，在讲解分析过程中，教师还要通过提问的方式与学生互动，以保证学生在解惑的过程中也有着自己的思考。

最后，教师要多为学生组织多样的课堂活动。可以为学生组织合作学习活动，让学生在合作学习中共同进步；也可以为学生组织韩语比赛活动，这样学生就可以在竞争中不断审视自己韩语学习的不足，进而改进自己的学习计划与策略，实现韩语学习水平的提高。

### （四）课后利用微课巩固和反馈

微课并不是只局限在课堂上应用，它还可以在课下得到延伸，教师可以为学生布置课后微课复习任务。教师需要根据学生的课堂所学为其布置巩固、拓展微课作业，这些作业都是在网上完成的。在做作业的过程中，学生可以进行线上讨论，培养学生们的协作精神。更重要的是，这种针对课后微课作业的互动是一种更加有效的互动，通过互动，学生可以将自己学习的知识进一步深化，同时还能提高自己的思考水平。当学生作业完成之后，教师就需要对他们的作业进行评价，指出其中存在的不足，并对学生的学习成果加以肯定。

## 七、韩语教学中微课的发展趋势

### （一）由原来的零散化朝着本土化转变

学者们以及一线韩语教师都注意到了微课教学模式的重要性，纷纷对其展开了必要的探索，经过多年的探索，韩语微课已经形成了两种比较突出的功能，一个是解析知识点，另一个则是竞赛。虽然韩语微课的确在一定程度上促进了韩语教学的发展，但是与系统的系列课程相比，现阶段的韩语微课内容上可能会比较繁杂，因为每个教学视频针对的都是一个知识点，这让知识被割裂开来，所有的知识并不系统。因此，根据韩语微课存在的问题，笔者认为可以实现微课的整合，使其向着本土化的方向发展。

第一，教师要在第一时间将微课程内容的主题方向确立下来，究竟是介绍韩国文化，还是梳理韩语语法知识点。

第二，根据不同的主题制作不同的微课视频，并将相关视频整合在一起构成一个完整的视频体系。

第三，要有针对性地设计练习环节，这里的针对性针对的是学生的学习情况，学生在学习过程中就能根据不同的练习内容展开练习，从而掌握更加全面的知识。

### （二）带动资源共享的最优化

创建实用、高效的微课程平台，需要借鉴大量的微课资源，在对资源进行挖掘、分析与总结的基础上就能构建一个很好的平台，同样还能实现资源的共享。微课制作过程十分复杂，只依靠一个韩语教师是无法实现的，需要学校以及其他韩语教师都行动起来，共同从互联网上找到合适的资源用于微课制作。同时，搭建了韩语微课平台之后，所有的韩语教师都能自如地从平台上获取教学资源，也能在平台上展开互动交流，所有的资源都实现了最大程度的共享。

# 第六章 高校韩语教学的方法研究

从实际的韩语教学方法工作来看，当前韩语教学还存在一些问题，基于此，高校韩语教学方法的研究就十分重要，本章对高校韩语教学方法的相关方法论以及主要流派特点进行分析，同时对于高校任务型韩语教学与高校网络与韩语教学的教学方法进行研究。

## 第一节 方法论与方法

韩语教学理论研究中，讨论最多的也许就是教学法了。的确，在其他条件等同的情况下，不同的教学方法会导致完全不同的教学效果。

前面已经提到，在韩语教学法的研究中，要分清方法论和具体方法的区别，因为汉语中"方法"一词既可以指具体的方法，也可以指总的方法，即方法论。例如，我们所说的"传统的教学法"是统称，"听说法"是指一种具体的方法，具体的方法之下还有更为具体的步骤和技巧。

从现代韩语教学发展历史来看，至少有三种不同的语言理论和有关语言能力的本质的观点影响韩语教学思路和方法的形成：①结构主义，该流派将语言看作由结构上相互联系的单位组成的、用来表达一定意义的结构系统，听说法、全身反应法和沉默法都反映了这种语言观；②功能主义，该流派将语言看作表达功能意义的载体。语言教学中的交际法就体现了这种语言观。该理论强调语言的语义和交际特点而不是语言的语法特征；③相互作用理论，该理论将语言看作实现人际关系和进行个人之间的社会交往的工具。

20 世纪对语言教学产生较大影响的心理学理论主要包括行为主义心理学、心灵主义心理学和人文主义心理学等。行为主义心理学强调刺激对语言习惯形成的重要作用，认为重复和操练是习得语言的必由之路。心灵主义心理学则强调先天因素对语言习得的影响，认为语言规则和能力的习得有一套既定的程序，教学的目的主要是提供合适的环境和条件，让这种潜在的能力得到充分的发展。人文主义心理学强调的是人际关系和个人情感因素对语言能力习得的影响，认为语言学习中最重要的是学习环境和气氛，学习者只有在放松和协调的状态下才能最有效地学习和掌握语言或其他知识。

对语言和语言学习本质的认识直接影响到教学方法的形成和选择。大纲的制定、教材的编写、课堂教学中具体方法和步骤的选择都自觉或不自觉地在不同程度上受到编写者或教师语言观和语言学习观的影响。

# 第二节 现代韩语教学法主要流派特点分析

## 一、口语法和情景教学法

口语法和情景教学法主要特点有：语言教学从口语开始，材料在口头教过以后教其书面形式；目的语作为课堂用语；新的语言点通过情景进行教学和操练；根据词汇选择程序选择词汇以保证基本词汇的收选；根据先易后难的原则对语法项目分级；当学生达到一定的词汇和语法基础后再教阅读和写作。

情景教学法中，结构大纲和词表有着特殊的作用。结构大纲中列出的是根据教学顺序安排的韩语的基本结构和句型。结构必须在句子中教给学生，词汇根据对教学结构的有利程度加以选择。下面是一种典型的结构大纲的内容。

情景教学法中，教师的作用有三个：一是示范作用，演示目标结构所使用的语境并提供例句让学生模仿；二是协调指挥作用，教师就像一个乐队的指挥，通过提问、命令和其他提示方式让学生正确回答问题。因此，情景教学法中，教师起着主导作用，由教师决定教学的进度；三是监督作用，在学生操练过程中，教师留意学生的语法和结构错误，以便在以后的课堂中作为讲解要点。

情景教学法对教材和视觉辅助物依赖性很强。教材是根据不同的语法结构组织的教学单元。视觉辅助物主要有挂图、卡片、图画、人像等，教师可以自制或购买现成的。

下面是相关学者描述的情景教学法的一些具体教学步骤：①听力练习，教师清晰地连续几次重复某一结构或词，教师可通过命令或手势让学生配合；②个别模仿，教师让几个学生复述例句以检查他们的发音；③教师将学生有困难的音、词或词组单独进行操练；④引进新句型，教师让学生运用已知的句型进行问答练习以引进新的句型；⑤教师利用手势或提示词等让学生回答问题、发表陈述，或根据句型造句；⑥教师利用提示词让学生练习新句型；⑦问答练习，教师让学生一问一答直到大部分学生都轮到；⑧纠正，教师通过摇头、重复错误之处等指出错误，让学生本人或其他学生对其进行纠正。

## 二、听说法

听说法是在美国描写语言学家培训语言调查人员的"问询法"和美国军队特别培训教

程教学法的基础上发展起来的一种影响甚广的教学法。该教学法的语言理论基础是结构主义，心理学理论基础是行为主义心理学。它强调与目的语的大量接触和实践，强调语法结构的操练。

听说法的重要学习原则包括：韩语学习基本上是一个机械的习惯形成的过程，好习惯是通过正确的而不是错误的反应形成的。通过背诵对话和句型训练可将出错的机会减少到最低限度；如果先教目的语语言项目的口头形式，然后再教其书面形式，学生可以更有效地掌握语言技能。听说训练可以为其他语言技能打下基础；类推、比较和分析能为语言学习提供更好的基础。类推涉及概括和区别，因而应等到学生在不同类型的语境中操练过某一句型并被认为掌握了其中涉及的类推原理后才对学生进行解释。操练可以使学生形成正确的类推。所以，语法教学的方法本质上是演绎而非概括；某一语言的词汇对其本族语者所具有的意义只有在某一语言和文化环境中才能学到。因此，教一门语言意味着也教该语言的一部分文化。

有学者认为听说法有短期和长期两种目标。前者包括训练听力理解、准确的发音、识别和书写书面印刷符号等。长期目标就像本族语者一样使用目的语。

听说法中，学习者被看作可以通过训练达到正确反应的动物。根据行为主义学习理论，教学的重点在于外部表现而非内部过程。学习者只需对刺激做出反应，因而无法对学习的内容、速度和方式做出选择。

与此相反，听说法中，教师处于十分积极和重要的地位。该学者列出听说法中教师起以下作用：按照听、说、读、写的顺序介绍、保持和协调这几项技能的训练；在课堂上使用或不使用韩语；作为学生所学语言行为的样板；用对话形式进行口语教学；指导学生全班或小组齐声回答问题；通过句型练习进行结构教学；指导学生选择和学习词汇；向学生展示目的语中词与意义如何相联系；让每个学生开口说话；鼓励学生大胆实践，强化其正确的反应；教短篇小说或其他的文学作品；建立并保持一个连锁互通的文化机制。

听说法中的教学材料是以教师为中心的，它起到辅助教师的作用。但是，在基础阶段，往往不用教材。因为这个时候学生的主要任务是听、复述和回答，看书面材料被认为会分散他们的注意力。教材主要提供对话的内容和句型操练的材料等。

录音机和其他音响设备在听说法中必不可少，尤其是当教师为非本族语者时。录音材料可以提供对话和练习的准确样本。语言实验室也十分重要，它可以提供各种其他形式句型练习的机会等。

## 三、交际法

20 世纪 60 年代后期，许多应用语言学家和语言教师接受了功能主义语言学和社会语言学的研究成果，开始重视学生语言交际能力的培养。英国某语言学家把语言意义分为两类，即意念范畴（如时间、顺序、数量、地点和频度等概念）和交际功能范畴（如要求、否定、邀请、抱怨等）。威尔金斯于 1976 年出版的《意念大纲》一书对交际教学法的发展起到了重要的作用。70 年代中期，交际教学法的范围大大扩展。大多数语言教师已经开始将它看作一种将语言交际能力作为语言教学的目标，并承认语言与交际的相互依赖关系是培养学生四项语言基本技能的语言教学法。

交际教学法流派中可分出"温和派"和"激进派"两种。"温和派"强调向学习者提供使用韩语进行交际机会的重要性，将这类交际活动置于更大范围的语言教学中。"激进派"声称语言是通过交际习得的，因此这并不是一个激活已有知识的问题，而是一个促进掌握语言系统本身的问题。前者可以称为"学用韩语"，后者可称为"用韩语学韩语"。前者已成为近年来交际教学法的主流。

交际法的语言理论基础主要来自两方面：一是海姆斯的交际能力理论；二是韩礼德的功能语言学理论。根据韩礼德的语言功能理论，语言的主要功能包括：工具功能，用语言获取他物；调节功能，用语言控制他人的行为；互动功能，用语言与他人交往；人际功能，用语言表达个人感情和意义；启发功能，用语言学习和发现；想象功能，用语言创造一个想象的世界；表达功能，用语言交流信息。

威多森的语言交际观也对交际法的形成产生了影响。在《把语言作为交际活动来教》一书中，他提出了一种语言系统与篇章和话语中的交际价值关系的观点。他的注意力主要集中在使用语言达到不同交际目的的能力背后的交际行为上。

交际法的倡导者们没有明确讨论过交际法的学习理论基础。但是，从交际法的有关实践可以发现有三个原则在起作用：一是交际原则，即涉及交际的活动可以提高学习效果；二是任务原则，即用语言完成有意义的任务活动可以提高学习效果；三是意义原则，即对学习者有意义的活动有利于学习过程。

皮耶福教授认为，交际法的总体目标可分为以下几个层次：综合的内容层次（语言作为一种表达手段）；语言的工具层次（语言作为一个符号系统和学习对象）；人际关系和行为的情感层次（语言作为一种表达有关自己和他人的价值及判断的手段）；个人学习的需求层次（根据错误分析进行补救教学）；语言外目标的一般教育目标（语言作为学校课程的一部分）。

李特尔伍德教授区分了交际教学法中的两种主要活动类型，一种是"功能互动活动"，另一种是"社会交往活动"。前者包括如比较不同图画的异同、推断图画中事件发生的可能顺序、发现地图或图画中的缺失部分之类的活动；后者包括如谈话和讨论、对话和角色扮演、模拟、即兴表演和辩论之类的活动。

布林和坎德林认为，教师在交际教学法中有两个主要作用：一是协调和加强所有学生之间以及这些学生与各种活动和篇章之间的交际过程；二是在教和学的小组活动中充当一个独立的参与者。后一种角色与前一种角色的目标紧密相关。另外，一些研究者认为，教师的角色还包括需求分析者、顾问和小组活动管理者。

　　交际教学法的倡导者们认为，教学材料是影响课堂交际和语言使用质量的重要因素，因而担当着促进交际性语言使用的重要作用。交际教学中通常使用三种材料，即以篇章为基础的材料、以任务为基础的材料及实物教具。

　　下面是费诺齐阿罗和布朗费特描述的在教初级或中级程度学生如何"提建议"时的步骤：提供一段简短的对话或几段小对话。在此之前，提供与对话有关、学习者可能会实际经历的交际场景（动机），并讨论功能和情景——人物、角色、语境、话题以及与情景相符的语言正式程度；口头练习当天要教的对话片段（教师示范、全班复诵、半班、小组和个别学生复诵）；根据对话和语境进行问答练习；与学生个人经历有关但围绕对话主题的问答练习；学习对话中的某个基本的交际用语或表达该功能的某一结构。教师可用学生熟悉的词汇对该用语或结构进行操练；学习者发现该功能表达法或结构中的规则，包括以下几个方面：其口头和书面形式、在句中的位置以及在句中的正式程度，如果是结构，那么再加上其功能和意义；口头辨认、理解活动；口头表达活动——从有指导的到自由的交际活动；如果对话不在教材中，则抄写该对话；书面家庭作业示范；学习效果评估（只限口头）。

## 四、全身反应法

　　全身反应法由美国加利福尼亚圣何塞州立大学心理学教授詹姆士·阿歇尔创立。它是一种通过语言与行为的协调来教语言的教学方法，其理论基础包括发展心理学、学习理论、人文主义教育学等。

　　全身反应法吸取了心理学中"记忆痕迹"理论的观点。该理论认为，记忆联系越经常和强烈，该记忆的联想和回忆越容易。从发展心理学的角度出发，他认为，成年人成功的第二语言学习与儿童习得母语的过程相似。他指出，针对儿童的语言大多是命令句，儿童一般先用身体反应，而后再学会用语言进行反应。成年人应该学习儿童习得母语的方式。同时他还吸取了人文主义心理学关于情感因素在学习中作用的观点，认为一种对学生的言语输出不作严格要求并带有游戏性质的方法可以减少学生的心理负担，培养愉快的学习情绪，提高学习效率。

　　詹姆士·阿歇尔的语言学习理论与下面三种假设有关：大脑中有一种特定的语言学习的生理蓝图，它决定第一和第二语言学习的最佳途径；大脑区域化决定了左右脑的不同学习功能；压力（情感过滤）影响学习行为和学习内容，压力越小效果越好。

　　直接式沟通教学法的总体目标是在初始阶段教给学生口语能力，而理解则是达到这一目的的手段。祈使句操练是直接式沟通教学法中主要的课堂活动。它们主要用来调动学生的身体行为和活动。在 20 课时后才进行对话教学。其他的课堂活动包括角色扮演和幻灯片放映等。

　　在直接式沟通教学法中，学习者的角色基本上是听众和表演者，他们必须认真听每一个命令以准确做出身体上的反应。教学内容由教师根据以祈使句为基本模式的课程计划决定，学习者对教学内容几乎没有什么影响。

在直接式沟通教学法中，教师起着十分积极和直接的作用。他指出，"教师是舞台导演，学生就是演员。"教师决定教什么、如何教。因而，需要教师课前认真做好准备，甚至把课堂上要说的每一句话都写下来。

## 五、沉默法

沉默法是美国教育家格特诺设计的一种语言教学法。该教学法认为，语言教师在课堂上应该保持沉默，而让学生尽量多开口。沉默法的要点是使用彩色图表和奎西奈彩色棒。

沉默法主要的学习理论假设如下：通过发现或创造，而不是通过记忆和重复学习效果更好；通过相应的物体学习有助于记忆；通过解决与学习材料有关的问题有助于提高学习效果。格特诺对语言理论在韩语教学法中的作用公开持怀疑态度。他认为，语言是经历的一种替代物，因而正是经历赋予语言以意义。尽管如此，通过沉默法所使用的教学材料和顺序，可以明显发现它的理论基础是结构主义语言理论。语言从其社会语境中抽离出来通过虚拟的语境教给学生。在沉默法中，这种虚拟的语境由彩色棒所代表。课程顺序根据语法的复杂程度安排。新的词汇和结构材料被切分成小的组成部分，一个个教给学生。句子是基本的教学单位，教师的注意力放在命题意义而不是其交际价值上。

他把词汇看作语言学习的重要部分，认为词汇的选择极其重要。

同时他认为，第二语言学习不同于母语习得过程。由于学习者已有的知识，学习韩语的过程根本不能等同母语习得。所谓的"直接法"或"自然法"只会使人误入歧途。成功的韩语学习应该在一种严格控制的"人为"的方法下进行。

沉默法的总体目标是通过语言的基本要素的训练，培养初学者听和说两方面的能力。

沉默法采纳的基本上是结构式的教学大纲，课程根据语法项目和相关词汇安排。但是格特诺没有提供如何选择和安排语法和词汇项目的细节。沉默法没有统一的教学大纲。不过，从沉默法的有关实践来看，语法项目是根据其复杂程度来安排的。通常情况下，祈使句是先教的结构，因为行为动词往往容易通过沉默法材料向学生演示。新的内容，如名词的复数，常通过已经熟悉的结构教给学生。

沉默法中的任务和活动具有鼓励学生不通过教师的直接口头讲授或不必要的示范进行口头回应的作用，因而课堂活动主要是学生对命令句、问句和视觉提示做出反应。

格特诺把语言学习看作一种通过自我意识和自我挑战的个人成长过程。学习者最初通过不断的试验，而后通过对已获得的其他技能进行直接试验，直到完全掌握。学习者必须培养自我独立意识、自主能力和责任心。学习者之间的相互影响很大，在某种意义上甚至影响所教的语言内容。在沉默法中，学生的角色是多种多样的。有时他作为一个独立的学习者，有时作为小组活动的一名成员。学习者有时还要扮演教师、陪练、解决问题者和自我评估者等角色。学生必须自行决定什么时候该扮演什么角色。

在沉默法中，教师的沉默是其主要特色。因此，教师必须学会自我控制，改变传统的以教师作为样板、随时向学生提供帮助、有求必应的角色心理。斯戴维克指出，沉默法中教师的作用有三个，即教、测试、不妨碍学生。"教"就是一次性地把某一项目介绍给学生，一般通过非语言线索解释其意义。紧接着开始测试，即无声地要求学生根据所教内容进行复用。教师无声地监督学生用新学的语言项目进行交际。总的来说，沉默法中，教师的作用就是给学生创造一个鼓励冒险、提高学习效率的环境。教师本人作为一个中立的观察者，对学生的成功与失误不轻易表露自己的情绪。

沉默法的另一个独特之处是它所使用的教学材料。这些材料包括一套彩色棒、用彩笔书写的发音和词汇挂图、一根指示棒以及阅读和写作练习。所有这些材料都是用来解释目的语中语音和意义关系的。这些材料可供教师或学生使用、单独使用或师生共同使用。

沉默法有一套标准的课堂程序。课堂的前半部分是发音教学，主要通过图表等让学生理解和操练词、词组和句子的发音、重音和语调等。语音教学结束后，紧接着就练习句型，进行结构和词汇的操练。教师先说一个句子，然后通过彩色棒进行直观演示。接着就让学生试着进行练习。

## 六、社团学习法

社团学习法是由美国芝加哥洛约拉大学的心理学教授柯仑提出的一种外语教学法。社团学习法把教师看作教室里的咨询医生，把学生看作病人。其基本程序：一群学生在教室里围坐一圈，教师站在圈外；其中一个学生用母语轻声传达一个信息；教师将此译成韩语；学生用韩语重复一遍并用录音机录下；学生在教师的帮助下用韩语传达更多的信息；学生对自己的感觉进行反思。

柯仑本人对他的教学方法的语言学基础谈得很少。他的学生曾试图解释该方法的语言观。他似乎同意语言理论应该以语音特征、句子和语言的抽象模式为出发点的观点。他认为，韩语学习者的任务是"理解语音系统、了解基本的意义并构建韩语的基本语法"。显然，以基本语音和语法为出发点与传统的结构主义语言观并无多大区别。

社团学习法的互动有两种基本形式，即学习者之间的交流以及学习者与教师的交流。

社团学习法提倡一种整体的语言学习方法，因为"真正"的学习既带有认知性又带有情感性。这就是所谓的"整体个人过程"。这一过程又分为五个阶段，与儿童的个体发生相似：第一，"出生"阶段，建立安全和归属感；第二阶段，随着学习者能力的提高，他像儿童一样，开始逐渐获得一些独立能力；到了第三阶段，学习者开始"独立说话"，为了证实自己的身份，经常拒绝一些不必要的建议；第四阶段，学习者已感觉到可以进行批评了；到了最后一个阶段，学习者仅仅改进其风格和语言的恰当性。

社团学习法没有明确讨论过教学目标。该教学法的倡导者们主要描述了如何在韩语初级口语课上使用该教学法。他们似乎认为，教师通过这种方法可以将自己的韩语知识成功地传授给学生。这意味着获得近似本族语者的语言能力是该方法的目标。

社团学习法主要用于口语教学中，但经过改进，也可用于写作教学中。它没有传统意义上的大纲，即事先设计好要教的语法、词汇和其他语言项目以及教学的顺序。如果根据库兰的教学步骤，课程的进展是围绕话题进行的，学生指定要谈论的内容和要向其他学习者传达的信息。教师的责任是提供与学生此刻水平相当的表达这些意义的方式。

与其他大多数教学法一样，社团学习法把传统的方法和它本身独创的方法结合起来。这些方法包括：翻译，教师将学生的话语翻译成目的语，学生重复教师的翻译；小组活动，如讨论话题、准备对话、准备故事等；录音，学生将用目的语进行的对话录下来；记录，学生将录音上的对话等记录下来进行操练或进行形式分析；分析，学生分析记录下来的目的语句子，并特别注意某些词汇和语法的特殊用法；反思和观察，学生对课堂经验进行反思并向他人报告，包括互相之间的感觉、对沉默的反应、对所要说的内容的关心等；听，学生聆听教师的翻译和在课堂交流中的话语；自由对话，学生和教师，或和同学进行自由对话。

从根本上说，教师的作用像心理咨询中的医生。通过心理分析帮助他（她）更好地理解自己的问题。在学生学习的五个不同阶段，教师的作用也有所变化。在最初的几个阶段中，教师起的主要是辅助作用，给学生提供对应的目的语和供他们模仿的表达法。在后面的几个阶段里，学生进行交流，教师监督他们的话语，需要时提供帮助。教师最初的角色被比作小孩的父母，随着学生的逐渐成熟，教师与学生的关系慢慢变成有点像教师反过来依靠学生的那种关系。教师在学习的后期阶段的另一个作用是提供一个学习和成长的安全环境。

一堂社团学习法的课程概括：打招呼，自我介绍；教师介绍该课程的目标和指导原则；韩语交流开始；学生围成一个互相能看见的圆圈，并使用麦克风；一个学生用母语（韩语）向另一个学生传达了一条信息；站在身后的教师用韩语重复该学生的话；该学生然后用德语对听话者重复这句话，并录音；每个学生都有机会说出和录下几条信息；隔一段时间重放一次录音；每个学生用韩语重复自己刚才用德语讲过的话，以帮助其他同学回忆。

然后学生进入一段反思期，教师要求其非常坦率地报告自己对刚才经历的感受；从刚刚录下的材料中，教师选择一些包含语法、拼写等要点的句子写在黑板上；教师鼓励学生对以上内容提问；教师鼓励学生把黑板上的句子抄下来，注上其意义和用法，作为家庭教材。

## 七、自然法

1977 年，美国加利福尼亚的一位名叫特雷尔的西班牙语教师根据自己的西班牙语教学实践，结合第二语言习得理论中有关自然主义原则的理论，尤其是斯蒂芬·克拉申的关于第二语言习得的理论，提出了一种新的韩语教学法，即所谓的"自然法"。克拉申和特雷尔合作出版了《自然法》，比较全面地论述了"自然法"的理论原则和实践方法。该书的理论部分由克拉申执笔，实践部分由特雷尔执笔。

尽管两位学者本人也承认他们的"自然法"与早先的"自然法"有渊源，但是它们之间还是有着重要的区别。原先的"自然法"其实是"直接法"的一个别称。它主张教学过程中由教师向学生提供大量的韩语独白，通过手势或表演使学生理解其意义，直到他们自己能说出这些韩语句子。"直接法"中的"自然"仅仅强调该方法的原则与儿童母语学习原则的一致性。同样，两位学者所说的"自然"也被认为与成功的第二语言习得中的自然原则一致。但是，与"直接法"不同的是，它并不强调教师独白、直接复述和正式的问答练习，也不十分强调所说目的语的精确性。相反，它强调学生应该多接触目的语，或称"输入"，而不是操练。它不仅强调学习情绪的最优化，强调在开口前延长听的时间，而且强调用书面和其他材料作为可理解的输入。同时它还特别强调理解在该方法中的中心地位。

两位学者把交际看作语言的基本功能。由于他们的"自然法"注重交际能力，他们把该法称为交际法的范例之一。但与其他交际法的倡导者不同，他们并不采纳某一语言理论。在他们看来，语言是表达意义和信息的工具。语言由词汇、结构和信息组成。信息中的词项必然通过语法进行组合，信息越复杂，语法结构就越复杂。尽管他们这样看待语法，但是觉得语法结构并不需要教师和学生进行明确的分析或特别的注意。

"自然法"有关学习的理论基础主要来自斯蒂芬·克拉申的习得理论。他的习得理论由五个"假设"组成。这五个假设如下。

（一）习得/学习假设。他认为，获得韩语能力有两种途径：一是习得，二是学习。习得指通过理解语言和使用语言进行有意义的交际而自然获得语言能力的一种无意识过程，这是一种"自然"的过程。相反，学习指一种有意识地掌握某一语言的语法规则的过程，其结果是学生了解该语言形式方面的知识，并能用语言描述这些知识。学习必须通过正式的教学，纠正错误有助于掌握规则。

（二）监控假设。习得的知识使我们能用韩语与人交流。有意识的学习只能起到监控和编辑的作用，用以检查和修正习得系统的输出。

（三）自然顺序假设。语法结构的习得有一种固定的顺序。

（四）输入假设。人们一般通过理解稍微超出他们目前语言水平的输入而习得该语言。

（五）情感过滤假设。学习者的情感状态或态度，如动机、自信和焦虑可以影响习得所必需的输入。一般来说，动机强烈、自信心强的学习者在个人和课堂焦虑程度低的情况下容易习得语言。

以上五个假设对语言教学的含义是：应该提供尽可能多的输入；任何帮助理解的东西

都很重要。提供视觉辅助，接触各种各样的词汇而不是句法结构；课堂的注意力应集中在听和读上，说应该慢慢出现；为了降低情感过滤，学生应该注意有意义的交际而不是形式，输入应该生动、有趣，有助于活跃课堂气氛。

两位学者从两个角度进行课程组织。

首先，他们列出一些语言课程的典型目标，然后说明其中哪些是"自然法"试图达到的。他们列了以下四个方面的目标：基本个人交际技能——口头（如在公共场所听通知）；基本个人交际技能——书面（如读、写私人信件）；学习技能——口头（如听讲座）；学习技能——书面（如记课堂笔记）。

其中，他们指出"自然法"主要是为了培养学生的口头和书面交际技能。

其次，他们认为，一个语言课程的目的应该适合学生的需求和特别兴趣："自然法的目标是根据对学生需求的调查而制订的。我们确定他们将在什么样的场合使用语言，会出现什么样的话题。在确定交际目标时，我们并不期望学生在某一课程结束时掌握一组结构或形式，相反我们希望他们能够应付某一特定场合的一组特定话题。我们并不根据语法大纲来组织课堂活动。"

"自然法"教学活动与其他交际性的教学法中的活动并无多少区别。它包括问答练习和利用手势、哑剧、图表、图片等实物以及学生结对子和小组活动等。它的特点是用熟悉的方法向学生提供可理解的输入，为学生营造一个帮助理解输入、降低学生焦虑度以及增强学生自信心的课堂环境。

学习者在自然法中的角色可以概括为：提供一定的信息，以便习得活动能够集中在与他们的需求密切相关的话题和情景上；主动协助创造可理解的输入，应该学会使用控制话题的技巧来调节他们的输入；决定什么时候开始说话、什么时候提高其质量；如果课程中安排了练习，如语法练习，与教师一起商量决定花多少时间在上面并争取独立完成、自我纠正其中的错误。

在自然法中，教师有三种重要作用。首先，教师是目的语可理解性输入的主要来源。教师应保证语言输入连续不断，并提供大量的非语言线索帮助学生理解这些输入。其次，教师应该创造一种有趣、友好、情感过滤低的课堂环境。最后，教师应为学生选择和协调各种各样根据班级大小、内容和语境等设计的课堂活动。

自然法中教学材料的主要作用是通过提供额外的帮助让学习者理解和习得目的语的语境，通过把课堂活动与现实世界相联系，通过使学习者互相之间进行真正的交际使课堂活动尽可能有意义。材料来自实物而不是教材，材料的基本作用是提高理解和交际。图画和其他的视觉辅助很重要，因为它们提供了交际的内容。

## 八、暗示法

暗示法由保加利亚心理分析教育家乔治·洛扎诺夫首创。该法的特点是强调教室的布置和安排、音乐的使用以及教师的绝对权威作用。他承认，他的暗示法中有着印度瑜伽和苏联心理学的成分。他从瑜伽中借用了改变意识和注意的技巧，从苏联心理学中借用了关于对所有学生都可以教给某一学科的同样程度的技能的概念。他声称不同智力的学生都可以通过暗示法获得成功。学生课外花不花时间没有关系。他指出，只有在放松和注意力集中的情况下才能有效地学习。音乐节奏在暗示法中有着十分重要的作用。音乐在暗示疗法中的作用有三种：帮助建立和维持人际关系；通过从音乐表演中获得的自我满足增加自尊；利用节奏独特的潜力带来活力和秩序。

由于人们往往对权威人物或机构的信息最容易记住，他提出了一系列使学生感觉学校和教师权威性的因素和做法，如学校的声誉、教师的自信、与学生的距离、表演才能、积极的态度以及对某一教学法的信心等都能增加学校和教师的权威性。所谓"婴儿化"是指教师和学生之间的一种特殊关系。教师参加学生的角色表演、游戏、唱歌和体育活动可帮助年龄大的学习者找回小孩所具有的那种自信、自发性和接受能力。"双面性"指的是学生的学习不仅受直接的教学还受教学环境的影响。教室的布置、背景音乐、椅子的形状、教师的个性被认为与教学材料的形式一样重要。暗示法中，语调、音乐的类型和教学的节奏等与教学的成功有很大的关系。

暗示法旨在快速培养学生的高级会话能力。他还指出，教学的目的原则上不是记忆，而是理解和创造性地解决问题。

一期暗示法课程一般约30天。每期10个单元，每天4课时，每周6天。每个单元的重点是约1200个单词组成的对话和相应的词汇表和语法注释。对话根据词汇和语法的难度分级。整个课程和每个单元的安排都有具体的规定。教师回答学生有关对话的问题，然后教师再用特殊的方法进行第二次、第三次朗读对话；第二天、第三天对课文进行初步和进一步的扩展练习。初步练习为对话的模仿、问答、阅读以及对150个左右单词的操练等；进一步的练习包括鼓励学生根据对话进行重新组合和输出、朗读与对话相仿的小故事等。

听力练习是暗示法的特色之一。暗示法中的听力练习与一般的听力练习不同，它们一般在每个单元的第一天进行。学生首先阅读新课文并与教师讨论其内容。然后，学生开始放松、舒适地坐在转椅上听教师用某一特殊的方式朗读课文。在教师第二次朗读课文时，他边读边演戏般地在背景音乐中用动作将课文内容表演出来。这个阶段里，学生按照教师的指点，躺在椅子上作有规律的深呼吸。他认为，无意识的学习就此开始。

学生参加暗示法学习班完全自愿。一旦参加，就必须严格遵守班级的规定和活动安排。学生的心理状态对成功至关重要，因而事先要做一些集中注意力的准备活动。他们不得对教学材料作任何分析或安排，必须保持一种被动的状态让材料通过大脑，在大脑中反复。

教师的主要作用是创造可暗示的课堂环境，用学生最可能接受和记忆的方法将语言材料教给学生。乔治·洛扎诺夫认为，教师应该做到以下几点：对暗示法表现出绝对的信心；言谈举止和服饰一丝不苟；精心组织教学过程的开始阶段，包括音乐的选择和播放、守时等；对教学时间保持严肃的态度；进行测试并有策略地对待有错误的答卷；强调对教学材料整体的而非分析型的态度；保持谨慎的热情。

4 个小时的教学可以分成三个阶段：第一阶段是口头复习阶段；第二阶段介绍和讨论新的材料；第三阶段，音乐时间是暗示法的最大特色。以下是他对这个阶段活动的描述："一开始，所有谈话停止一两分钟，教师听录音机中放出的音乐。慢慢地，听了几段并进入状态以后，他开始朗读或背诵课文，声音随音乐的起伏而变化。学生边听边看教材中配有译文的课文。第一段和第二段音乐期间，有几分钟的沉默。有时间隔可长些，并允许学生活动片刻。第二次播放音乐前，又是几分钟的静默。听了几段音乐后，教师开始朗读课文。这一次，学生合上书听教师读。最后学生悄悄地离开教室。他们被告知可做任何与所学课文有关的家庭作业，但是晚上睡觉前和早上醒来后必须粗略地将课文读一遍。"

# 第三节　高校任务型韩语教学

## 一、任务型教学的产生与发展

20 世纪 70 年代，交际教学法日趋兴盛。交际法的本质特征是"学用一致"，其途径是教学交际化。但在如何看待交际与教学的关系问题上，却存在"强"和"弱"两种观点。强调"通过交际来学"即"在运用中学习韩语"属"强"交际观，而"弱"交际观则认为要"为交际而学/教"，或者说"（要）学会用韩语"。作为强交际观的支持者，普拉布认为："学习者的语法建构是一个无意识的过程，通过创造一种条件使学习者全神贯注于意义、专注于说或做，能够最有效地促进这一过程。当学习者的注意力放在意义上时，（语言）形式学得最好。"

因此，班加罗尔实验旨在改革"语言结构为本"的传统教学，教学内容的确定摒弃了传统的结构大纲或功能意念大纲，而代之以任务大纲。教学单元由一个个任务组成，课堂教学围绕完成具体的交际任务，强调语言的自然输入，强调在实践中学习语言，学生专注于完成任务，而语言的学习是在任务的执行过程中发生的，或者说是完成交际任务的副产品，这就是所谓的"通过交际（在无意识中）学韩语"。值得一提的是，普拉布区分了三种不同类型的语言学习任务，并在其实验中广泛采用，它们是信息差任务、观点差任务和推理差任务。三种任务为创造接近自然的语言学习环境和开展有真正意义的交际活动提供了依托。如今它们仍然是任务型教学方法的主要任务类型。1982 年，他向英国文化协会提交了班加罗尔实验情况的报告，并于 1983 年提出了任务型教学方法。

由于当时弱交际观占据主导地位，提倡强交际观的班加罗尔实验并未在语言教学领域引起太大的反响。但几乎就在同时，"语言交际是一个综合的过程而非一系列分立的语言项目的学习结果"成为语言教学界的一个重要议题。结构、功能或意念大纲均提出了有序的、分立的语言项目，但它们无法使这一教学方法成为一个综合的过程。在此期间，语言教学领域的研究重点已开始从研究如何教转向了研究如何学，学习活动（过程）本身与学习目标（语言）同样重要的观点逐渐成为语言教学界的共识。这一切进一步引起了人们对分立语言项目大纲的质疑。由于任务型教学大纲和与之相应的任务型教学模式既体现了语言学习的综合性，又强调了语言学习过程而再次引起了语言教学研究者的关注。其他语言教学的专家学者都从不同方面对任务型语言教学进行了研究，赋予其新的内涵。特别是近十年来，语言研究、语言学习研究、二语习得研究的成果为任务型教学的成熟和发展不断注入新的生机和活力。任务型教学在创造接近真实自然的语音学习环境、提供交流互动和意义协商机会、促进学生积极的认知参与、培养用语言做事和解决问题的能力等方面的潜能和价值备受瞩目，因此成为语言教学领域的研究热点。

## 二、任务及任务型教学原则

任何一种第二外语教学方法都体现着对语言的本质、语言学习过程、如何"教"才能促进"学"的独特认识。"任务"是任务型教学的灵魂。什么样的任务符合任务型教学的要求？斯凯恩提出"任务"的五个主要特征得到了广泛认同：意义是首要的；有某个交际问题需要解决；与真实世界中类似的活动有一定关系；完成任务是首要的考虑；根据任务的结果评估任务的执行情况。

用这样的任务组织的语言教学应该具有哪些特征呢？努南作为任务型教学的主要倡导者就任务型教学的特征进行了以下概括：强调通过用目的语相互作用和影响学会交际；将真实文本引入学习环境；为学习者提供不仅关注语言，而且关注学习过程本身的机会；增强学习者个人经历作为重要的、促进课堂学习要素的作用；努力使课堂语言学习与课外韩语激活联系起来。

他的表述蕴含着任务型教学所遵循的一系列原则，其中包括交互性原则、语言材料的真实性原则、过程性原则、重视学习者个人经验对学习的促进作用原则和课堂语言学习与课外韩语使用相关性原则。下面就这些原则体现的任务型教学理念做进一步分析说明。

（一）互动性原则。互动性是交际的核心，真正的交际必然是双向或多向的。正是交际各方的互动才创造了语言运用的机会，使理解与表达相辅相成。互动也使交际各方从他人的反馈中不断修正自己的语言，学会运用交际策略、合作原则进行意义协商，达到交际目的。因此，韩语课堂不应是信息由教师向学生单向流动，而应是双向或多向交流，即师生互动、学生互动。互动性应成为韩语教学的基本原则。

（二）语言材料的真实性原则。语言是文化的载体，从某种意义上说，学习一种语言就是学习一种文化。采用真实语言材料的意义在于：它能使学习者直接接触目的语文化，获得真实体验。同时，系统功能语言学的语义语境理论认为，语义的产生和理解不能脱离语境。由于真实语言材料不脱离语境，能保证学得的语言是动态的、有血有肉的。

（三）过程性原则。任务型教学倡导者们坚信，有效的语言学习必须通过亲身经历，但传统韩语教学却忽视过程性。忽视学习过程不可避免地造成学生死记硬背，语言知识难以转变成真正的交际能力。与此相反，任务型教学以活动和任务组织教学内容，创造接近真实的语言学习环境，由学习者在完成任务中体验语言、感悟和发现规则、运用规则，在用目的语解决问题的过程中学会交际。

（四）重视学习者个人经历对学习的促进原则。该原则体现了对学习者主体地位的确认和关注。一方面，要把学生的知识背景、已有的关于语言和韩语学习的经验作为一种资源加以开发利用；另一方面，教学过程必须强调学生积极的认知参与、对学习内容的感受和体验，帮助他们建构起对语言结构、功能、语义及其用法的完整认识。

（五）课堂语言学习与课外语言运用的相关性原则。该原则体现了"学以致用"的理念，目的在于克服传统语言教学与社会实践的脱节，缩小课堂与社会的差距，使交际真实化、课堂社会化，把学生作为社会中的一员，通过学习促进其社会化进程。同时，课内学习与课外运用的相关性也有利于激发学生的动机和兴趣。

上述五项原则事实上揭示了任务型教学的本质特征，体现了该教学途径的思想精髓和根本价值，是其引人注目、备受推崇、值得借鉴的原因和意义所在。

## 三、任务型教学的理论基础

为什么要把任务作为课堂的焦点？为什么要强调学习任务的意义性、真实性、相关性？为什么任务型教学要遵循上述原则，把"用中学"、互动、体验、参与、自我建构视为语言学习的有效途径？这些问题反映了任务型教学的语言观、语言学习观和教学观，可以从系统功能语言学、当代认知学习理论和活动教学论有关语言的本质、学习的发生、如何"教"能够促进"学"等的思想观点中找到解答，它们构成了任务型教学的理论基础。

### （一）系统功能语言学与任务型教学

系统功能语言学是 20 世纪相当有影响的语言学理论之一。系统功能语言学认为语言是社会符号，试图从社会学角度诠释语言与意义，其关注焦点转向语言的社会功能和动态使用，对 20 世纪 80 年代以后语言教学的发展产生了重大影响。

系统功能语言学的主要特征包括：以社会学视角研究语言的性质；以功能、语义、语境为研究重点。下面进行简要说明。

1. 以社会学视角研究语言的性质

系统功能语言学的创始人韩礼德吸收了社会学家伯恩施坦、社会语言学家拉波夫和人类学家马林诺夫斯基等的理论，认为转换生成语言学派代表的是"生物体内部"的研究视角，侧重从语言使用者个体的大脑机制内部探讨语言的工作机制。与此相对，韩礼德称自己采取的是生物体之间的研究视角，关注语言的社会属性，研究人们如何借助语言建立和维系社会关系，也就是研究语言在构建人类社会的结构以及参与确定个人的社会角色时所起的作用。同样，他关注语言在促进人的社会化进程中的作用，提出了儿童"语言发展"而非"语言习得"的理论。儿童最初的咿呀学语是自己创造出来用以调节他与周围世界关系的"原型语言"，因此是有意义的，虽然相当原始，但却足以表明儿童认识世界并将自己纳入已有的成人社会的本能。这种原型语言与成人世界的语言产生互动，儿童本人在接受了成人语言的同时也接受了那些既定的社会关系和社会结构，换言之，儿童在掌握成人语言的同时也发展成为"社会一员"。因此，语言是社会符号，语言的性质是一个社会意义学系统。

2. 以功能、语义、语境为研究重点

（1）功能。韩礼德从研究儿童学习语言的过程入手解释语言的功能，认为这是一个学习如何借助语言表达各种需要的过程。他对语言在儿童不同发展阶段起到的作用进行了详细的记录和分析，认为儿童自出生之日起就开始学习如何用语言来表达各种意义，以满足"做人"的要求。系统功能语言学将儿童语言的功能归纳为七种，认为伴随儿童放弃原型语言向成人语言的过渡，七种功能将不断演化，最终成为高度抽象、复杂的概念功能、人际功能。概念功能、人际功能以及语言本身具有的语篇功能构成成人语言的纯理功能。

（2）语义。韩礼德将语言的性质界定为一个社会意义学系统旨在强调语言学研究的重心应该是意义。他提出的意义进化理论认为，人类经验由两个层面构成，其一是人类为了满足生存需要与大自然接触或抗争的物质层面，其二是人类认识世界的意识层面。意义是人类经验的物质层面与意识层面相互融合的结果，语言表达形式同样是这两者融合的结果；人类表达意义的过程实际上是一个创造意义的过程，或者用韩礼德的话说是说话人建构的过程。

（3）语境。系统功能语言学认为，语言并非一个独立自足的符号系统，语义的产生和理解与语境因素密切相关。语言研究离不开意义研究，而意义研究不能脱离具体的交际环境。语境可大致分为文化语境和情景语境：文化语境主要指人类在特定文化背景中的行为模式；情景语境指的是与语言交际行为直接相关的话语范围、话语基调和话语方式三种因素。

系统功能语言学的上述观点对语言教学产生了重要的影响。首先，确定社会属性是语言的本质特征从根本上解释了为什么韩语教学不能停留于知识传授，不能把一门韩语当作知识来教和学；又由于语言是形式和功能的统一，语言的社会属性借助语言的形式和功能得以体现，那么忽视语言的社会属性，割裂语言的形式与功能，把语言仅仅当作知识来教的韩语教学是没有意义的，起码是不完整的。韩语教学必须既关注形式又关注功能，并努力创造条件，使学习者把对语言形式和功能的理解掌握转化为具体实际的语言运用能力。

其次，语境理论表明，人们借助语言建立和维系社会关系，语言的使用不可避免地反映出使用者特殊的文化背景、扮演的社会角色以及语言使用当时当地的环境，因此对语义的理解就不能脱离使用语言的人和语境。鉴于此，韩语教学内容的选择应以真实语言材料为主，语言系统应被视为动态的、开放的，对于词汇及其用法的理解也必须是动态的、基于情境的。培养学习者动态的语言意识（主要包括文化意识、语境意识）是语言教学的重要内容。

最后，关注语言学习过程，拉近课堂与社会的距离。系统功能语言学认为，儿童学习语言的同时，也发展成为"社会一员"。这表明，韩语教学应努力拉近课堂与实际生活的距离，使学习过程成为促进学习者实现社会化的过程。韩语教学要努力创设接近自然的语言学习环境、设置问题情境，让学习者学会运用已有知识技能，根据特定的语境、人和事，灵活、得体地运用目的语协商交流，应对交际问题，同时学会认知、学会做事、学会合作。

系统功能语言学理论为任务型教学强调语言意义的第一性、围绕任务组织课堂、创设情境以及语言材料的真实性要求等提供了强有力的理论支持。这些主张和要求是对系统功能语言学功能、语义、语境理论的实践，其目的在于创设丰富的、接近真实的语言环境，让学习者在"用目的语做事"中，通过相互间的交流互动，感受语言的社会功能，理解语言在建立和维系人与人之间的社会关系中所起的重要作用，进而领悟、掌握语言的动态使用。任务的真实性拉近了课堂与社会的距离，使学习过程本身也成为促进学习者社会化的过程。

### （二）当代认知学习理论与任务型教学

如果从普通学习论的角度加以分析就不难发现任务型教学的观点见解与当代认知学习理论有关学习过程的阐释是一致的，蕴含了皮亚杰认知发展论、布鲁纳发现学习论、奥苏贝尔意义学习论和社会建构主义的社会互动学习理论思想。这些思想构成了任务型语言教学的学习论基础。

#### 1. 皮亚杰认知发展论

瑞士心理学家皮亚杰的学习理论以研究儿童认知发展为基础，其学说影响最深远的一面是它所强调的学习过程的建构性。他坚持用主体和客体相互作用的观点来研究儿童的认知发展。他认为，儿童是在与周围环境相互作用的过程中，逐步建构起关于外部世界的知识，从而使自身认知结构得到发展的。儿童认知发展受同化、顺化和平衡三个基本过程的影响。所谓"同化"指个体把外部环境中仍适合原有认知结构的新信息吸收整合进来，成为认知结构的一部分。相反，若原认知结构无法同化新信息，个体为了适应环境要求而主动修改、重组原有认知结构即为"顺化"。"同化"与"顺化"相伴而行。儿童正是通过这两种形式来达到与周围环境的平衡。平衡状态不是静止的。新的认知结构既以原有认知结构为基础，又有别于原认知结构，这种区别既可以是质的，也可以是量的。儿童的认知结构正是在与周围环境的交互作用中通过"同化"与"顺化"逐步建构起来，并在"平衡—不平衡新的平衡"的循环中得到不断丰富、提高和发展。

皮亚杰认知发展论的一个基本观点是：学习的结果并非外部信息的简单堆积，而是获得越来越多认识事物、解决问题的程序，也就是在"同化""顺化"的共同作用下，形成或重建新的、更为复杂、完整的认知图式。因此，教育应该为学生提供富有个人意义的学习经验，激发学生通过亲身体悟，甚至通过犯错误和改正错误来促进认知发展，因为犯错误和改正错误其实就是在调节、修订原有认知结构。

结合语言教学，语言学习应该成为学习者积极建构语言输入的个人意义的过程。学习者要积极应对语言输入，使其潜在意义（语言结构、词汇及用法等）在其原有认知结构中找到合适的同化点。教师的任务则是创造条件，帮助和促进这一建构过程。对于学生的语言错误应帮助分析原因，而并非如行为主义所言要见错就纠，以此促进学习者已有语言图式的修改重组、新图式的建立，达到新的平衡。

皮亚杰的学习理论解释了任务型教学有关第二语言学习过程的主张：这是一个学习者建构起对目的语系统的假设，并在不断的接触和运用中验证假设、修正假设，使自身关于目的语系统的认识不断完善的过程。验证假设、修正假设实质上也就是同化、顺化、打破平衡、达到新的平衡，进而使有关目的语系统的图式更加系统化、复杂化，使语言学习向更高水平发展。以任务为核心单位计划、组织语言教学的目的就在于为学习者提供认识、体验、实践目的语的机会、环境和条件。学习者为了完成任务积极思考，在用目的语交流互动、意义协商中，感受目的语的使用，领悟语言的规则，建构并不断完善关于目的语系统的认识。

2. 布鲁纳发现学习论

布鲁纳的重要贡献在于扩展了皮亚杰的认知发展理论，并试图将其用于指导教学实践。他提出了儿童的三种不同思维形式及其发展规律，认为教育的目的在于发展学生的理解力和认知的技能与策略，教学不是使学生获得关于事实的现成信息，而是配合其身心发展，教他们如何思维，如何学会学习。他所倡导的"发现法"不仅仅指发现未知，而是指主动求知去获得知识的任何活动。因此，从本质上说，"发现法"强调的是认知主体的积极参与。其特征可概括为四个强调：强调学习过程；强调直觉思维；强调内在动机；强调信息的提取。

布鲁纳认为：认识是一个过程，而不是一种产品。学习的主要目的不是要记住教师和教科书上所讲的内容，而是要参与建立该学科知识体系的过程。学生不是消极的知识接受者，而是积极的探究者。因此，教师的作用是要创设一种学生能够独立探究的情景，而不是提供现成的知识。教师要帮助学生在探究活动中形成丰富的想象，激发学生渴求自身能力发展的内在动机。至于强调信息的提取，布鲁纳认为，人类记忆的首要问题不是储存，而是提取。信息的组织方式对信息能否有效提取关系重大。学生自行发现、自行组织的知识，能够产生良好的记忆效果，使用时便于提取。

显然，任务型教学践行了"发现法"的教学理念。首先，任务型教学强调语言学习过程，强调"用中学"。一方面，坚信有效的语言学习不是传授性的，而是经历性的，学习活动和学习内容同样重要；另一方面，不主张直接呈现或讲解语言形式，而是提供交际任务，在用目的语完成任务的过程中，感悟语言的规则系统，主动发现并将其归纳、掌握、内化。因此，任务中相当一部分语言知识的加工是隐性的。其次，挑战性是任务设计的基本要求之一，通过完成任务展示能力、感受成功有利于形成内在动机。最后，就语言学习而言，信息的提取主要表现为语言的运用，在借助任务创造的交际情境中"用中学"，学会活生生的语言，从根本上避免了机械学习，死记硬背。

### 3. 奥苏贝尔意义学习论

关于机械学习、死记硬背的危害，奥苏贝尔的意义学习论分析得更为透彻。所谓意义学习是相对于机械学习、死记硬背而言的。由于未能与学习者原有认知结构建立起联系，机械学习得到的不过是一些孤立的、凌乱的信息，既难以提取，更谈不上会用，因此是无效的。意义学习的实质就是要使新信息与学习者原有认知结构建立起内在联系，使之内化为其认知结构的有机组成部分，真正成为学习者自己的东西。韩语学习的特殊性容易导致机械学习，有些教学方法，如听说法，甚至把机械的句型操练视为建立起语言习惯的"法宝"。因此，韩语教学更应把避免机械学习、促进意义学习的产生视为教学设计的重要一环。

### 4. 社会建构主义学习理论

建构主义兴盛于 20 世纪末，是学习理论由行为主义发展到认知主义以后的进一步发展。皮亚杰被公认为建构主义思想的先驱。

建构主义学习观的核心可概括为：①学习是一个积极主动的建构过程，学习者主动地根据已有知识结构有选择性地注意和知觉外在信息，建构当前事物的意义；②这种建构过程是双向的，一方面，通过使用先前知识，学习者建构当前事物的意义，另一方面，被利用的先前知识不是从记忆中原封不动地提取，而是要根据具体事例变化了的情形重新建构；③意义具有主观性，学习者个人经历的差异导致对相同事物意义建构的多元化。显然，建构主义学习理论充分肯定了学习者的主动性、与认知对象的互动、学习者的个人经历和体验的极端重要性，将学习者个人在学习过程中的作用提升到前所未有的高度。

社会建构主义作为建构主义的一个重要分支，在赞同建构主义基本观点的同时，在有关知识建构中"个体与社会"的关系问题上独树一帜。以维果茨基的社会文化历史观为理论依据，社会建构主义认为既然个体的学习是在一定的历史、社会文化背景下进行的，社会对个体的发展起到重要的支持和促进作用，学习中的互动应不仅仅是个体与其物理环境的互动，而更多的是个体间的（儿童与儿童、儿童与成人），即个体与社会的相互作用。

维果茨基的"中介作用"和"最近发展区"学说解释了社会何以促进儿童知识的建构。所谓"中介作用"指儿童身边的重要人物在他认知发展过程中所起的作用。有效学习的关键在于儿童和"中介人"（父母、老师、同伴）之间的交往互动的质量。"最近发展区"是指比儿童现有知识技能略高出一个层次、经他人协助可达到的水平。这是对儿童认知发展有重要意义的中介人（特别是家长、教师）大有可为的领域。若"中介作用"适时、适度、得法就能促进"最近发展"变为现实的发展。

建构主义以及社会建构主义关于知识及其意义、学习的自我建构、社会互动与认知发展的关系等思想在带给我们诸多启示的同时，也加深了我们对任务型韩语教学的理解。

按照建构主义学习理论，真正能够为学习者感受、认知、成为其认知结构组成部分的是那些在学习者看来有意义的东西。如果教师忽视学习者的经历背景、情感兴趣、现实处境等因素，而一味地将"知识""客观真理"强加给他们，这种知识教学恐怕难以奏效。对韩语教学而言，若置学习者的认知水平、学习需求、动机兴趣等具体情况于不顾，而一味地讲解目的语的句法、词汇、语义等语言系统知识，一厢情愿地认为这样就能使学生掌握目的语，其结果往往事倍功半。教与学是不能画等号的。

这从另一个侧面解释了为什么任务型教学强调"意义是首要的""有某个交际问题需要解决"以及"与真实世界中类似活动有一定联系"。意义的第一性既要求任务本身有意义，也要求对学习者有意义。"有某个交际问题需要解决"以明确的交际目的保证学习活动本身有意义，不会停留于为形式而形式；"与真实世界中类似活动有一定联系"强调了任务与学习者目前或未来生活将要面对的交际问题相关。这种相关性着眼于学习者需求，因而便于他们理解任务的个人意义，激发内在动机，最终促进学习的产生。

"最近发展区"和"中介作用"学说则对任务型教学倡导的合作学习、交流互动、意义协商等提供了强有力的理论支持。"任务"通常是两人或小组合作完成的。在这个过程中，同伴/小组成员相互协作、相互学习，中介作用得到发挥。为完成交际任务，一方面，学生们必须设法理解他人并表达自我，为确认理解准确无误还要学会解释和澄清意义，运用交际策略和语用知识；另一方面，他们不得不倾听一些目前自身语言能力尚不能及的语言（表达形式），但这些语言（形式）有可能被同化吸收，将来派上用场。这样的交流互动无疑有利于学习者语言系统的重构和扩展，丰富的目的语体验有利于促进语言习得。强调合作学习的另一重要意义在于：由于每个人的经历、背景有限，对事物的理解总会带有片面性，通过小组成员间的交流、协商，这种片面性能够得到纠正。

教师要借助任务积极发挥中介作用，努力成为学习的促进者。首先，在选择任务时要考虑学生的认知水平、经验背景、兴趣需求，根据具体情况不断进行调整；其次，精心搞好教学设计，创设有利于语言习得的环境和良好的学习氛围，最后，提供必要的帮助，增强学生的自信心，培养良好的学习习惯，引导学生学会学习。

5. 活动教学论与任务型教学

如果从教学论的角度来进行分析，任务型教学又是活动教学理念的一种实践。

活动教学的基本主张及其规范要求可概括为以下四点：①坚持"以活动促发展"的基本指导思想；②倡导以主动学习为基本习得方式；③侧重以问题性、策略性、情感性、技能性等程序性知识为基本学习内容；④强调以能力培养为核心，以素质整体发展为取向。显然，任务型教学是活动教学观在语言教学领域的一种实践。

首先，任务型教学以活动贯穿教学始终，激发主动学习。从教学内容的选择、到课堂教学的组织、实施乃至评价，任务型教学都围绕任务来进行。事实上，所谓"任务"就是有明确目的的交际活动。有利于激发学生的参与热情、交流互动和意义协商，完成任务的过程，使参与者有机会就目的语的使用相互学习借鉴、进而促进各方中介语系统的扩展、修订、重构。这一切不仅从根本上避免了教师的"一言堂"，也使得任务型教学倡导的合作学习、交往学习、探索发现学习、体验学习等主动学习方式真正落到了实处。

其次，遵循了现代认知心理学广义知识观有关陈述性知识和程序性知识划分的理论。所谓"陈述性知识"主要指事物的名称、概念、命题等方面的知识，可以通过教师的讲解为学生所掌握和记忆。"程序性知识"主要涉及概念、规则和原理的理解与应用以及解决问题的技能、方法与策略的形成等。这类知识具有较强的特殊性、个体性和动态性，单靠讲授、告知难以掌握，还必须通过操作、探究、体验，将储存于头脑中静态的命题知识转化为动态的应用操作技能、解决问题的能力。广义知识观的上述观点揭示了在韩语教学中，给予活动以应有地位的极端重要性。因此，任务型教学坚持"在用中学"遵循了知识的内在特性规律。学习语言知识的目的是为了运用，只有把语言规则当作动态的程序性知识来教、来学，在丰富的语言情境中领悟、体验、运用规则，才能实现规则的内化，并最终转化为语言交际能力。这也解释了为什么传统教学中教师辛辛苦苦地讲，学生花费了大量时间精力背单词、学语法、做习题，韩语运用能力却长期在低水平徘徊的根本原因。这种把语言当成静态的知识来教、来学的做法，由于违反了语言活动的本质特征和使用规律，其结果必然事倍功半。

最后，把以活动促发展落实到教学过程中。从发展能力、提高素质角度看，人作为社会的个体，交际能力是基本生存能力之一。因此可以说，语言教学注重培养交际能力的意义不仅在于学习语言，还是为了人的发展。任务型教学所强调的自主性、参与性、体验性、互动性等在促使学生学会用目的语交际的同时，又学会观察思考发现、学会沟通合作、学会做事、学会学习。无疑，它也是以活动促进学生发展、促进其综合素质提高的。

任务型教学还从第二语言习得研究的成果中吸取营养，丰富了其理论基础。"输入假说""互动假说""输出假说"对任务型教学的发展、完善都产生了重要影响。

1985年，斯蒂芬·克拉申提出"输入假说"用以解释语言习得的发生。其核心思想是输入对于语言学习很重要，只有当输入的语言形式略高于学习者现有水平时才能够被其理解，继而得到内化，产生语言习得。他提出"i＋1"的公式（i代表学习者现有水平，i＋1即略超出现有水平）。在他看来，语言习得的唯一途径是通过理解信息或者说吸收可理解输入。他同时还提出了"情感过滤说",认为学习者的态度会影响习得,良好的情感将形成低过滤,促使学习者从输入中获得更多。因此,有别于传统输入研究主要从"教"的角度研究输入什么和如何输入,斯蒂芬·克拉申输入假说在强调输入重要性的同时,明确指出输入不等于理解,要关注学习者内在因素,特别是现有水平、知识背景、情感态度等状况,并以此作为选择语言输入材料的重要依据。

迈克尔·龙的"互动假说"从另一侧面研究了如何使语言输入可理解。其基本假设是:交流发生困难时,交谈的双方都必须依据对方理解与否的反馈,进行诸如重复、释义、改变语速等语言上的调整,也就是说要进行意义协商,调整的结果导致语言输入变得可以理解,从而促进语言习得。互动假说对于语言教学的启示在于:若语言课堂长期处于教师对学生的单向信息流动,缺少师生之间、学生之间双向、多向的互动调整和意义协商,教师不了解学生是否理解语言输入,学生也无法从教师有针对性的反馈中获得求证,这样的语言课堂恐怕难以取得理想的效果。

斯韦恩的"可理解输出假说"是在对加拿大法语沉浸式教学调查研究的基础上提出的。针对沉浸式教学虽进行了大量的"可理解输入",但效果不够理想的问题,她认为要使学习者的第二语言水平全面提高,达到既流利又准确,仅有"可理解输入"是不够的,还必须有充分的"可理解输出"。也就是说,要积极创造条件,鼓励学习者用目的语交际,因为只有在这一过程中,学习者才会反复修正语言,使其更加连贯、准确,即追求所谓"可理解输出",以达到充分准确表达自我、为他人理解的目的。总之,输出对第二语言习得的促进作用可概括为以下几个方面:能引起学习者对语言问题的注意;能促使学习者对目的语的结构及语义进行假设验证;具有元语言功能;能促进目的语表达的自动化。

"输入学说""互动学说""输出学说"从学科教学的角度解释了为什么任务型教学坚持围绕任务组织课堂,借助任务创造接近自然的语言学习环境,把创造语言输入、输出、交流互动和意义协商的机会视为有效课堂教学的基本要素,从"学"的角度设计课堂活动,试图通过人人参与完成交际任务,师生互动、学生互动,从根本上改变语言课堂普遍存在的信息流向单一、意义协商匮乏的状况。因此可以说,第二语言习得研究对任务型教学的发展有着深刻的影响,它与系统功能语言学、认知学习论、活动教学论一起,共同构成了任务型教学的理论基础。

## 四、任务型教学的优点与局限性

以上对任务型教学的理论基础和课堂教学特征进行了探讨。不难看出,任务型教学的形成、发展和倡导与国际教育改革思潮、认知学习理论的发展、第二语言习得研究成果等有着密切的内在关系,是第二语言教学方法与时俱进的生动体现。显然,与传统第二语言教学方法相比,任务型教学有了很大的进步。

## （一）任务型教学的优点

1.体现了新的语言学习观和教学观。认知学习理论认为：学习是一个自主的过程，学习者的创造性思维和积极的认知参与是学习过程最有效、最活跃的因素；第二语言习得研究成果表明，语言学习过程不是线性的、累积的，而是学习者运用自己的语言体验对语言系统不断进行推论、假设、验证与概括的过程。任务型教学体现了这种教学范式的转换，学生成为课堂活动的主体和中心，有了更多表达学习需求和情感需求的机会。教师也要从"学"的角度设计课堂，把学生的认知水平、兴趣和需求时刻放在心上；要精心选择语言素材、确定难度适宜的交际任务；他要考虑如何营造愉快的课堂氛围以利于激发学生对语言的积极思考，使他们感到安全、自信、乐于参与，帮助他们学会学习。

2.拉近了课堂与生活的距离。一方面，学习材料的真实性和任务与现实生活的相关性使课堂学习与实际生活建立起了直接联系，学习者有能力完成课堂交际任务就意味着他们有能力去完成课堂外的类似交际任务；另一方面，若从教育社会学的角度来思考，任务型教学所倡导的合作学习和师生、学生互动、意义协商，即是将课堂看作一个"小社会"，视教学为人际交往的过程。

3.任务型教学把培养学生的学习能力作为教学目标之一，并落实到具体教学环节上，与此同时，合作学习、共同协商在有利于培养交际能力的同时也使学习者学会合作、学会共处，其意义远远超越了语言学习活动本身。

## （二）任务型教学的局限性

1.对语言学习过程的认识过于偏激。任务型教学有关第二语言学习过程的认识主要基于二语习得研究，特别是中介语理论、学习者"内在大纲"说。中介语理论认为，学习者一旦开始第二语言学习，就会建立一个既不同于母语系统，也有别于目的语系统的所谓"中介语系统"。第二语言习得过程就是学习者对目的语提出假设，在进一步的接触、使用中去验证、修正假设，使中介语系统调整、重组，进而不断向目的语系统过渡。"内在大纲"说认为学习者拥有一种控制学习目的规则的程序化的序列，该序列并不因为外界因素（如教学序列）的影响而改变。也就是说，学习者的语言系统是自主的，学习者的内在大纲决定着这个系统的发展。以此为依据，任务型教学在重视学习者自主性、主动性的同时，低估了教学的作用。它站在了传统语言教学的对立面，反对将语言规则直接告知学生，认为教学的作用主要是引起学生对目的语系统的注意，应由学生自己去完成对系统的抽象和概括。这显然有些矫枉过正。我们反对一味地讲解语言形式，但规则具有生成性，对于初学者，特别是在把韩语作为目的语且对它的接触极其有限的情况下，规则的学习更是不可或缺的。必要的讲解有利于规则的明晰化。认知图式理论表明，规则的学习有利于形成目的语系统的图式，使新的语言形式找到落脚点，使用时便于提取，从而大大降低认知加工量。

2. 任务选择的随意性。以学习任务为单位来选择、编排教学内容、组织课堂是任务型教学有别于一切传统教学方式的本质特征之一。如何选择任务、依照什么样的顺序排列任务应有一套系统的方法。理想状态的任务应具有连续性、系统性，依据任务本身难易度分级而体现出层次性，以满足不同知识背景和认知水平的学习者。这些问题本应由教学大纲来解决。但迄今为止，与任务型教学对应的任务型大纲未能有效地解决这些问题，实际教学中任务的选择和排序常常以教师为主导。因此，无章可循不可避免会导致认识和操作上的混乱。

3. 适用范围的局限性。任务型教学要求学习者在使用和感受目的语的过程中自己领悟，进而归纳概括出规则的主张需要前提条件，那就是学习者对目的语的接触量必须达到或接近自然语言习得条件下对目的语的接触量。这一条件对于已经生活在随时接触和使用目的语的社会之中，将其作为第二语言来学的学习者是有可能满足的；但对于将目的语作为韩语来学的学习者，仅凭课堂上有限的目的语接触就指望他们能够领悟并概括规则是不切实际的。这就意味着任务型教学作为第二语言教学途径或许很有效，但若用于将目的语作为韩语来学的环境，其适用性是有限的。

4. 以任务是否完成取代专项测试，过于简单化的评价方法若用于学历教育恐怕难以令公众信服和接受。

上述有关任务型教学的优点与局限性的探讨有利于全面、客观地认识任务型教学，启发我们对许多问题做进一步思考，做出实事求是的判断。以此为前提，任务型教学才能在我国特定的韩语教学环境中获得有益借鉴，与其他教学方法相互取长补短，真正成为我国韩语教学方法的有机组成部分。

# 第四节　高校网络与韩语教学

计算机辅助韩语教学自 20 世纪 60 年代以来在韩语教学研究和实践中一直起着重要的作用。随着多媒体和网络技术的飞速发展和广泛应用，原本只有少数专家关注的计算机辅助韩语教学现在成为越来越多普通韩语教师和学生青睐的韩语教学模式。特别是网络韩语教学的兴起和发展，使韩语学习呈现出前所未有的生机与活力，因特网上丰富多彩的语言材料和真实自然的交际环境在很大程度上弥补了传统课堂教学的不足。然而，网络韩语教学在令人兴奋的同时，也给韩语教师带来了挑战，因为网络使韩语教学变得更加复杂、更加难以控制。马克·沃沙尔等将利用因特网进行韩语教学，比喻成从一支水流喷射而出的消防栓上取一杯水。这个比喻非常生动、贴切地说网络韩语教学虽然潜力巨大，但是不经过科学研究和精心设计，这些潜力很难变成现实的教学成果。

下面从四个面对网络韩语教学进行分析和表述：①以计算机辅助韩语教学的发展历程为主要内容，通过对计算机技术在韩语教学中应用的各个阶段进行分析，说明网络韩语教学诞生的基础；②对网络韩语教学的特点进行分析，然后将其与传统的课堂韩语教学进行比较，最后阐明如何处理两者之间关系的问题；③介绍网络韩语教学研究和实践现状；④对网络韩语教学的前景进行展望。

## 一、计算机辅助韩语教学的发展历程

语言学在 20 世纪经历了从结构主义到认知主义和功能主义的发展阶段。受其影响，韩语教学方法也发生了从听说法到交际法的转变。有趣的是，计算机在韩语教学中的应用也随着韩语教学观念的转变和计算机技术的不断发展，经历了计算机作为句型训练工具，到计算机作为语言输入和任务呈现工具，再到计算机网络作为语言学习环境，提供给学习者韩语学习所需的真实材料、真实交际对象、真实任务等学习条件三个阶段。计算机辅助韩语教学的这三个阶段被马克·沃沙尔博士分别定义为行为主义的电脑辅助式语言学习、交际法的电脑辅助式语言学习和综合的电脑辅助式语言学习。

行为主义电脑辅助式语言学习流行于 20 世纪 60 年代，当时受行为主义学习理论和结构主义语言学理论的影响，韩语教学以反复的句型操练为主要形式，即所谓的"死读书"。而此时刚刚诞生的计算机主机正好能够满足大量机械操练的需要，它仿佛是一位永远不知疲倦的教师，有了它，学生可以随时根据自己的需要进行学习。

行为主义的语言学习观在 70 年代受到抨击和摒弃，取而代之的是功能主义语言观和认知主义的学习观。此阶段的韩语教学重视学习者通过使用目的语进行阅读和交际，自己去建构知识、表达思想和发展技能。而此时个人电脑的开发使个人独立学习成为可能。计算机技术和韩语教学理论的发展促使交际法电脑辅助式语言学习的形成。交际法电脑辅助式语言学习强调学习者对目的语言的使用，强调学习者之间的交流与协作，语篇再造以及模拟讨论和游戏等是其主要形式。它与行为主义电脑辅助式语言学习的一个很大区别在于后者是学习者与机器之间的简单对话，而它是学习者与其他学习者或教师之间的交流与互动。

虽然交际法电脑辅助式语言学习比行为主义电脑辅助式语言学习进了一步，但是到 20 世纪 80 年代末和 90 年代初，随着交际法韩语教学理论在实践中屡屡受到质疑，越来越多的学者认识到计算机在韩语教学中的作用并没有得到充分的发挥，交际法电脑辅助式语言学习仍然未能触及韩语学习的本质和核心。在这种背景下，同样是韩语教学理论和计算机技术的发展促使计算机辅助韩语教学进入更加成熟的第三阶段，即综合电脑辅助式语言学习阶段。一方面，基于任务的教学法、基于项目的教学法、基于内容的教学法和跨文化教学法等一系列新的韩语教学思想主张将韩语学习置于真实的语言环境中，让学习者在完成任务或项目以及学习文化或其他学科知识的过程中掌握韩语听、说、读、写综合技能；另一方面，计算机技术进入网络时代，特别是因特网的出现和普及使得计算机在韩语教学中的作用更加重要。综合电脑辅助式语言学习既指将韩语听、说、读、写技能作为一个整体进行教学，也指综合应用计算机、多媒体和网络的各项功能，开展丰富多彩的网络韩语教学活动。

如果说在行为主义电脑辅助式语言学习和交际法电脑辅助式语言学习阶段，计算机只是起到一种辅助和工具作用的话，那么在综合电脑辅助式语言学习阶段，网络为韩语教学所创造的优良环境能够满足韩语学习所需要的几乎所有条件：真实自然的语言环境、丰富多彩的语言材料、各种各样的交际对象、科学精细的学习软件、方便快捷的交流工具等。这一切功能使得网络韩语教学在某种程度上甚至比传统课堂教学更具优势，因此现在仍然使用"计算机辅助韩语教学，或电脑辅助式语言学习这个术语显然是不恰当的，计算机韩语教学发展的趋势是计算机网络从辅助走向主导，因此用"网络韩语教学"代替"计算机辅助韩语教学"应该是一个更好的选择。

网络韩语教学具有哪些特点和形式？它与传统课堂韩语教学有何不同？如何处理它们之间的关系？网络韩语教学如何进行？它的前景如何？

## 二、网络韩语教学的定义和特点

因特网是迄今为止最丰富、最具创新性、最复杂的交际媒介，它集超文本、多媒体、虚拟现实、神经网络、数字技术和人工智能于一体。因特网具有三个基本特征，分别是互动性、超文本和互联性。这些特征使得它与以往帮助记忆的信息技术不同，它的智能化程度很高，而且超越一切时空的界限。人们的阅读、写作、交际甚至工作和生活方式都因此发生了巨大的改变。因特网因此也给教育带来了变革，网络韩语教学成为一个潜力巨大的韩语教学模式。

### （一）网络韩语教学的定义和模式

网络韩语教学可以简单地定义为利用计算机网络开展的韩语教学活动，它包括局域网和因特网，但现在主要指因特网上的韩语教学活动。具体来说，网络韩语教学是利用因特网上的电子邮件功能、视频会议系统、万维网、讨论组、新闻组、聊天室、搜索引擎以及文件传输协议、多路分米波系统、蒙特雷海洋观测系统、超文本标记语言、虚拟现实建模语言、编程语言等工具或媒体来进行的韩语教学活动。从发起者的角度来分，网络韩语教学可能是个人的、学校的、社会的；从学习过程来看，网络韩语教学可分为正式的、系统的课程学习和非正式的、零碎的学习。网络韩语教学可以是学习者个体利用网络资源或通过网络课件进行的自主学习，也可以是以学习小组为单位，通过网络进行交流与合作的协作学习，还可能是参加学校开发的正规网络韩语课程的学习。

彭绍东将网络韩语教学概括为五种模式，即远程注册式、自由建构式、"三点合一"式、课堂链接式和局域教学式。远程注册式以远程教学为主，采用的主要教学方法是虚拟课堂讲授法、虚拟实验操练法、同/异步辅导法、人－机－人交互讨论法等。自由建构式教学以个别自学为主、学习者自我确定学习主题和目标，自主建构知识体系，学习的主导权在学生，采用的主要教学方法是发现法、研讨法、创造法、操练法等。"三点合一"式指的是电视远程直播、电脑网络交互与电话应答结合。在演播区，台前有主讲教师和现场学习者，幕后有编导技术人员，远程学习者可多样化交互学习。课堂链接式是指在传统的课堂教学中，根据需要随时链接到远程资料库调用资料或获得网上专家的实时指导，学习的主导权在教师，采用传统讲授、集中面授为主的教学模式。局域教学式指的是利用学校的局域网，多媒体网络系统教学与传统课堂教学相结合的教学方式，即教学过程分两个部分，一部分是传统的课堂教学，另一部分是集中的网络教学。

也可以根据教学方法将网络教学分为个别化学习模式、讨论式学习模式、发现式学习模式和协作式学习模式。学习者利用各种网络资源进行学习是一种个别化学习模式，这些资源包括信息资源、软件资源、人力资源等。网络学习中的个别化学习比传统的个别化学习具有更大的灵活性和可选择性，学习者可以根据自己的实际需要，在网络上查询各种信息，调用教学软件指导学习，也可以通过电子邮件向教师寻求帮助。学习者可以利用电子公告板、聊天室、电子邮件和论坛进行讨论式学习。讨论式学习模式一般由教师监控，即由专家或教师在站点上建立相应的学科主题讨论组，学习者可以在特定的主题区内发言，并能针对别人的意见进行评论。教师在这种学习模式中起监控和指导作用，以保证学习者的讨论和发言符合教学目标的要求，防止讨论偏离当前学习的主题。

网络学习中的发现式学习模式也可称为问题解决式学习模式。它一般是由教师设计一些适合学习者来解决的问题，通过网络向学习者发布，要求学习者予以解决。同时，教师在网上提供大量与问题相关的信息资源供学习者在解决问题的过程中查询，教师负责对学习者学习过程中的疑难问题提供帮助。发现式学习模式包括问题分析、信息收集、综合整理、抽象提炼、反思归纳等阶段，能够培养学习者对资源信息的辨识、采集、存取、加工、创新与表达能力，有助于发展学习者的认知技能．提高他们应用资源解决问题的能力。就韩语学习而言，发现式学习模式具有特别突出的意义，它不仅能激发学习者阅读韩语文献、用韩语进行交流和讨论的积极性，而且最后要求用韩语写出的问题解决报告也是对他们运用韩语进行归纳和写作能力的锻炼。

协作式学习模式也是网络环境有利于韩语教学的一个重要特色，它是指利用计算机网络以及多媒体等相关技术，由多个学习者针对同一学习内容彼此交互和合作，以达到对学习内容比较深刻的理解与掌握。就韩语教学而言，协作式学习模式具有以下几个特点：合作性，学习伙伴自发地为共同的学习主题制订合作计划，开展讨论，互相启发，共享合作成果；灵活性，协作形式多种多样，协作内容可多可少，协作时间可长可短；高效性，学习伙伴通过协商和讨论，达成认同，并在此过程中相互学习、取长补短，产生群体结构功能。与讨论式和发现式学习模式类似，协作式学习模式也能满足韩语学习对意义协商、真实交际对象、真实任务和足量语言输入和输出的需要．因此它也是一种有效的韩语教学模式。

除了上述两种分类外，还有人将网络韩语教学分为异步远程教学、同步远程教学、交互式实时远程教学和综合式远程教学等四种模式。虽然这些分类方法各不相同，但是它们都从不同的角度展现了网络韩语教学的优势和潜力。

**（二）网络韩语教学的特点和优势**

根据以上有关网络韩语教学的定义和模式的阐述，网络韩语教学的特点和优势可以归纳为以下几个方面。

1. 因特网在很大程度上能够促进真实、有意义的交际活动的进行，从而使学习者的韩语学习更有意义。真实、有意义的交际活动是韩语学习的基本条件，这是现代韩语教学理论的核心思想之一。传统的课堂教学已不可能在课堂上进行大量真实、有意义的韩语交际活动。如果将课堂延伸到网络，就能使真实交际活动的质和量都有所突破，因为网络强大的信息储存、动态更新、交际互动、多媒体呈现等功能使其成为一个与真实社会并行的、丰富多彩的网络社会，在这个环境中进行韩语教学，就能在很大程度上保证真实、有意义的交际活动的进行。

2. 在因特网上，学习者能够直接接触目的语的文化和语言，这不仅有利于韩语交际能力的提高，而且也能促进跨文化交际能力的培养。当前韩语课堂教学通常只停留在文化知识和文化差异的介绍，而情感态度和行为能力层面却没有得到关注。正因为如此，很多韩语学习者发现他们在与外国人进行跨文化交际时往往会因为紧张而不知如何应对，或不由自主地犯一些语用和文化方面的错误。网络韩语教学可以针对这个目标进行一些集语言训练和文化差异体验于一体的教学活动，将韩语写作教学与文化交流和跨文化交际能力培养有机结合，取得了不错的教学效果。

3. 因特网使课堂无限延伸，网络韩语教学是一个开放的环境，没有时间和空间的限制，也没有固定的组织结构。网络韩语教学的这一优势不仅打破了传统课堂教学在时间和空间上的限制，使学生韩语学习的时间无限延长和更加灵活，而且有利于他们自主学习能力的培养，同时使“因材施教”的教育思想真正得以落实。在网络韩语教学中，教学大纲和教学内容都呈现在网络上，学生可以随时根据自己的需要进行学习，学习进度可快可慢，学习时间可长可短。教师作为学习顾问可以随时、以不同形式回答学生提出的问题，如利用聊天功能即时回答、利用电子邮件回复或面谈答疑等。

4. 网络韩语教学在很大程度上依赖于学习者的自主学习能力，而自主学习能力不是学生与生俱来的，因此对学生进行自主学习能力的培养，特别是培训他们如何应用网站、网络课程和课件以及其他网络学习资源来进行韩语学习是至关重要的，这也是网络韩语教学研究的重要课题。

5. 网络韩语教学以建构主义、探究式学习和协作学习等学习理论为基础，多采用任务法、项目法、内容法等综合型韩语教学方法。建构主义理论是当今影响最为深远的教学理论之一。就韩语教学而言，建构主义思想主要体现在强调真实任务和意义协商的作用。相关学者在阐述网络韩语教学的理论基础时，总结出构成韩语学习理想环境的八个条件，其中前三个条件都是关于真实任务和意义协商的重要性，说明建构主义理论是网络韩语教学的主要理论基础之一。基于任务、基于项目和基于内容的网络韩语教学法都是建构主义理论的具体应用。探究式学习要求学生分析问题、搜集信息、综合整理、抽象提炼、反思归纳，从而培养他们学会在观察中发现、在整理中发现、在协作中发现、在建构中发现的能力，激发他们发现新现象、探求新规律的科学研究潜能。协作学习理论强调学习者之间的互动学习，它也创造很多协商意义和完成真实任务的机会，合作学习、基于项目的学习、解决问题式的学习等都是协作学习的不同形式。近年来，关于计算机网络如何为协作学习服务的讨论和研究成为热点，预示着网络韩语协作学习的巨大潜力和光明前景。

6. 网络韩语教学充分体现以学生为主体，以学习为中心，以任务为基础的现代教育理念。在网络韩语教学中，教师的角色发生了改变，他不再是占据教室中央、供学生学习的榜样；他在参与课件制作之后，成为学生学习过程中的协调者、顾问和学友。学生成为整个教学过程中的主体，他们在教师的帮助下确定自己的学习目标，通过阅读真实材料、参与真实任务、与真实的对象进行交际来进行韩语学习，并在此过程中不断反思自己的学习态度和方法，最后与教师和同学一起对自己的学习进行评价。

上述这些特点和优势表明，网络韩语教学不仅是现代教育思想的体现，而且也符合当今社会对韩语教学的要求，因为它对于培养学生的韩语应用能力和跨文化交际能力具有特别重要的作用。那么，这是否意味着传统课堂韩语教学就可以退出历史的舞台，被网络韩语教学完全取代呢？如何处理两者的关系？韩语教学应该采取何种新模式？回答这些问题显得非常迫切。

## 三、网络韩语教学与传统课堂韩语教学之间的关系

中国的韩语教学长期以来依赖课堂教学，教师、学生、教材和教室是课堂教学的基本要素。课堂韩语教学的特点是有计划、有组织（大纲、教案），教学内容线性安排和呈现，教学时间相对固定（课时），教学环境封闭（学校、教室），教学活动主要由教师控制，因此课堂韩语教学不可避免地重教轻学。课堂韩语教学作为一种历史悠久的教学模式其优势非常明显。首先，课堂韩语教学经过百余年的研究与实践已经积累了丰富的经验，形成了较为成熟的理论和思想，所以其科学性和可靠性得到了普遍认可，不会因为网络韩语教学的兴起而消沉。其次，课堂韩语教学中，师生之间和学生与学生之间的互动交际和情感交流最直接、最自然，这对语言学习而言是至关重要的。这种直接、自然的交流不仅能吸引学生的注意力，保持他们的学习兴趣，还能就学生的学习表现和情感态度给予及时的反馈。此外，课堂教学一般以大纲和教案为基础，在教师的组织和管理下通常条理清晰、秩

序井然，能较好地防止学生迷失方向或开小差。这些特征决定课堂韩语教学的不可替代性。

既然传统的课堂韩语教学和网络韩语教学各有优势，理想的做法就是允许两种模式并存，并在可能的情况下将二者有机结合，综合应用。实际上，目前很多韩语教师和学生都是这两种韩语教学模式的受益者，他们在课堂与网络之间穿梭，根据自己的需要选择教学内容和方法。网络韩语教学与课堂韩语教学的结合可以有两种模式。

**（一）课堂教学为主、网络教学为辅**

由于目前学校教育基本上还是以传统的课堂教学为主，网络韩语教学起到辅助和补充作用。具体地说，教师根据大纲要求，围绕教材进行备课，上课以教案为基础按部就班地组织课堂活动，布置课外作业。与以往不同的是，教师备课、上课和布置作业都可以借助网络。网上丰富的资源和快捷的信息传送为教师备课提供便利；教师在联网的教室里授课可以随时取用网上资源，从而使有限的课堂与世界联系起来；最后，在网络时代，教师布置的作业不再仅限于词汇、语法等语言知识的训练，学生也不必孤独地面对一堆堆枯燥的练习，他们可以组成小组，通过网络进行交流与合作，以完成任务和项目为目的，进行课外韩语学习。这是一种真正意义上的发现式、体验式学习方法，能弥补学生在课堂教学中语言知识学习远远多于语言技能训练的不足。

除了备课、上课和布置课外学习任务可以利用网络之外，每门课程的教师还可以设计自己的教学网站或课程网站，将教学大纲、教学进度、教学内容、教学要求、作业情况以及课堂上没有时间拓展的内容或要求较高的内容呈现在网上，供缺课或学有余力的学生课后自学。美国等发达国家高校的很多课堂教学的课程都同时提供网络版和课程网站，学生不仅可以利用它复习、巩固和拓展已学内容，而且可以在这个平台上就课程相关内容与教师和其他同学进行交流。

这种以课堂教学为主，以网络教学为辅的模式目前最为普及。它之所以得到很多教师和学生的认可和接受，一方面是因为它既满足了大家对课堂教学的信任和依赖心理；另一方面是因为它比较充分地应用了网络的一些功能。但是，因为网络韩语教学尚不成熟，理论研究匮乏和实践经验不足使其稳定性和可靠性都不能得到保障。随着网络韩语教学研究和实践的不断深入，相信以网络教学为主、课堂教学为辅的模式也会深入人心，取得良好的教学效果。

**（二）网络教学为主、课堂教学为辅**

除了一些商业化的韩语教学网站之外，现在有越来越多的学校韩语课程采取网络授课的形式。这些学校开设的网络课程与纯商业网站不同，它们往往在学期的前、中和后期会安排几次面授课。前期面授实际上是对学生进行课程培训，除了让他们知道课程要求之外，更重要的是帮助他们了解网络韩语学习的过程和规律，提醒他们注意在网络学习过程中可能遇到的技术和情感等方面的问题。学期中间的面授目的是在一定程度上弥补网络学习和电子交流的不足。毕竟绝大多数学生还不能适应全网络化的学习模式，为了保持他们的学习兴趣和积极性，定期的面授非常重要。不仅如此，韩语学习需要传统课堂上教师与学生或学生与学生之间最自然、最具亲和力的语言交流和情感沟通。学期后期的面授主要以交流学习成果和学习体会、总结经验为目的，虽然这些也可以在网上进行，但是在传统课堂教学主宰教育的时期，作为教学的重要环节，学习总结以面授的形式显得更为严肃和重视。

网络教学为主、课堂教学为辅的模式是目前利用网络资源和功能进行韩语教学的最佳模式，因为它充分利用网络资源和功能，同时又发挥课堂教学的优势，优化整个韩语学习过程。

在网络教育普及的今天，单纯的课堂教学很难生存。同样，事实证明，仅仅依靠网络的韩语学习效果并不理想。目前较理想的做法就是二者有机结合，要么课堂教学为主、网络教学为辅；要么网络教学为主、课堂教学为辅。当然，经过一段时间的研究和实践，当网络韩语教学更加成熟和稳定之后，当计算机网络技术与课堂韩语教学的整合研究更加深入之后，网络韩语教学与课堂韩语教学并重的模式也是可行的。进入 21 世纪以来，我国教育界有关信息技术与课程整合的讨论一浪高过一浪，基本形成了计算机网络教学与课堂教学并重的共识，这也充分说明摈弃其中任何一种模式都是不可取的。

## 四、网络韩语教学研究与实践

网络韩语教学在我国的发展历史并不长，真正起步是从 20 世纪 90 年代中期开始。有关部门适时制定了一系列文件，将计算机多媒体网络技术应用于韩语教学的要求纳入中小学和大学韩语课程教学大纲。新的教学模式应以现代信息技术为支撑，特别是网络技术，使韩语教学朝着个性化学习、不受时间和地点限制的学习、主动式学习方向发展"，"各校应根据自身的条件和学生情况，设计出适合本校实际的基于单机或局域网以及校园网的多媒体听说教学模式，有条件的学校也可直接在互联网上进行听说教学和训练"。这些纲领性文件的颁布标志着我国网络韩语教学进入一个全面发展和普及的阶段，各种教学实验和理论探讨因此如雨后春笋般涌现。

### （一）研究现状

近年来，有关网络韩语教学研究的专著和论文数量虽然有所增加，但是相对于广泛的网络韩语教学实践而言，网络韩语教学研究无论在数量还是质量上都相对不足。

1. 理论研究面多点少，不能解决实际问题。目前，很多应用语言学研究者都崇尚时髦的语言学理论和韩语教学理论，网络韩语教学研究也不例外。目前很多研究未能触及网络韩语教学的实质，大部分研究只是泛泛介绍外国的研究成果，套用不同的教学理论和语言学理论，这些理论介绍很多只是表面的概括和文献的综述，而且大量文献内容重复。这样的研究不能起到指导教学实践的作用。

2. 虽然依赖数据的实证研究不少，但总体情况是，调查研究多于实验研究，描述性研究多于解释性研究，实验研究中存在变量和样本普遍偏少、实验设计不严谨的情况。这些应用研究片面、肤浅，不具说服力。很多热衷于网络韩语教学实践的教师在大胆尝试和积极探索的基础上，形成了一些经验和思想，这在一定程度上促进了网络韩语教学研究和实践的开展。然而，这些实践研究要么由于缺乏理论指导只停留在经验介绍的层面，要么因为实验时间太短或面太窄，产生的研究结果不具有说服力。

3. 目前网络韩语教学研究亟待解决的一个问题就是，网络韩语教学研究尚未形成一套成熟的、独立的理论和研究方法。随着计算机、网络和多媒体技术的不断发展，网络韩语教学的潜力越来越大，网络韩语教学已经发展成为与传统课堂韩语教学并行的一个全新的教学模式。要对这一新型的韩语教学模式进行研究，必须借鉴计算机科学、教育技术学和韩语教学等相关学科的研究成果，只依赖其中任何一个学科，都不可能产生科学有效的研究成果。所以，与早期的韩语教学研究一样，网络韩语教学也应该逐渐发展成为一门独立的学科，形成自己的理论和研究方法。这是当前网络韩语教学研究的首要任务。

网络韩语教学研究之所以相对不完善，一方面是因为网络韩语教学作为一种新型的韩语教学模式，它不仅涉及传统韩语教学所包含的各个环节，而且还受到教师和学生对计算机应用的态度和操作能力的影响，因此它比传统课堂教学研究更加复杂、研究起来困难更大；另一方面，网络韩语教学研究还在起步阶段，无论是实践还是研究都还处于摸索阶段，没有可资借鉴的模式和理论，这在很大程度上制约了网络韩语教学的研究和实践。

当然，不可否认的是，从最初铺天盖地介绍计算机和网络韩语教学的特点和优势，到现在理性分析其中存在的问题，说明我国的网络韩语教学研究和实践正在走向成熟，假以时日，我国的网络韩语教学研究很可能在社会科学研究中异军突起，韩语教学也将因此而柳暗花明。

**（二）网络韩语教学实践及问题**

在有关部门的大力推动下，网络韩语教学在我国如火如荼地进行，从小学、中学、大学到社会各类办学机构都纷纷开展网络韩语教学试点和实验。归纳起来，目前网络韩语教学实践主要包括：①商业化的专业教学网站和学习平台，如上海某音像出版社的"大学韩语自主学习平台"经过几年的设计、制作、试用和更新，目前客户群遍及全国各地；②各大高校的网络学院，目前几乎所有国家重点大学都创建了网络学院，利用网络平台向全国各地的学生进行专业教育，其中的典型代表就是北京外国语大学网络学院，它目前有15000名注册学生，远远多于其在校学生；③大、中、小学开设的网络课程，这些课程往往由一个课题组合作完成，供学生课内、课外学习，如某军医大学的"在线韩语写作课程"和"网上韩语时文阅读"两门课程自 2001 年正式开设以来受到了很多同学的欢迎；④学校教师自发创建的学习网站和制作的网络课件，这些网站和课件大都是教师为了便于学生进一步了解相关课程内容和背景知识，便于同学之间以及同学和教师之间的相互交流而创建的，它一般是课堂教学的补充。

除了上述四种主要形式外，一定还有其他类型的网络韩语教学实践。这些实践是网络韩语教学得以发展的基础，应该对其予以鼓励、支持和更大的投入。然而，在我们继续这些实践之前，有必要冷静思考网络韩语教学的绩效问题，因为很多参与网络韩语教学实践的教师和学生都普遍感觉到网络韩语教学存在一个低绩效的问题。

章国英将这种低绩效现象归纳为学习效率低、学习资源大量浪费和学习方式过于陈旧三个方面。首先，由于网上是一个开放的学习环境，学生很容易信息迷航，本来应该用来查找某个资料的时间却被用来聊天、看小说、打游戏；其次，在网络环境下，学习资源非常丰富，既有网络课程大纲、练习、辅导资料，也有提供相关知识的链接、电子公告板等交流渠道，但是学生置身于这个虚拟课堂中，却不能适应，他们不善于利用各种学习工具和资料，造成资源的浪费；最后，由于缺乏网络学习的培训，学生依然沿用传统课堂的学习方式，处于一种被动接收信息和知识的状态，不能利用网络资源和工具主动学习和建构知识、发展能力。

造成这些现象的根本原因，从内部因素来看，主要是因为学习者存在对教师的依赖心理，没有培养良好的网络学习策略；从外部因素来看，网上的韩语学习资源良莠不齐，缺乏高效的搜索和筛选机制，而且来自技术和教师的学习支持服务不足。因此，要解决网络韩语教学低绩效的问题，最重要的是培养学习者网络学习策略，改善网络教学设计，提供良好的学习支持服务。

**（三）网络韩语教学研究的方向**

要解决网络韩语教学中的种种问题，就要对其进行科学的研究。同时，要将网络韩语教学研究发展成为一门独立的学科，一个重要任务就是明确其研究目的和内容。笔者认为，网络韩语教学研究的主要目的是探索网络韩语教学的规律，探讨如何进行网络韩语教学设计。具体说来，网络韩语教学研究应该包括以下八个方面：①网络韩语教学相关理论的研究，建构主义，基于任务、项目和内容的教学，探究式学习，协作学习，自主学习等；②学习环境和学习系统的研究，网络韩语学习平台和教学网站的创建以及教学课件和学习活动的设计等；③基于网络的韩语教学设计，包括课程介绍、课程教材、教学活动、教学评估、教学管理等；④教学模式和教学方法的研究，网络韩语教学与传统课堂韩语教学的整合，网络韩语教学模式以及教学方法等；⑤学习者研究，包括学习动机、学习风格、学习策略等；⑥教师研究，包括教师角色、教师培训等；⑦反馈和交互研究，包括反馈形式、反馈内容、交互活动设计等；⑧网络韩语教学评价研究，包括网络学习评价（学生）、网络教学评价（教师）、教学设计评价等。

这些研究主题构成网络韩语教学研究的主要内容。目前我们对其中有些课题的研究还不够全面、深入，而另一些研究还是空白，因此这些研究课题也是我们今后网络韩语教学研究的方向。只有弄清这些问题，才能使我们的网络韩语教学在理论的指导下有序地进行，才能保证网络韩语教学的质量。同时，只有在这些问题都得到回答之后，网络韩语教学研究才可能成为一门独立的学科。

## 五、网络韩语教学前景展望

目前，计算机和网络技术对韩语教学的影响体现在师生获取的语言输入无限增加，学习者多种感官智能得到全面开发，语言情景的创设方式更加丰富多彩，教学方法、手段和结构得到更新，教学质量和效率大大提高；更重要的是它对我们的教学理念和思想产生了深远的影响，它打破了数百年来传统的教学模式，改变了我们对教与学的理解，因此完全有理由说网络韩语教学是一场意义深远的变革。随着网络韩语教学研究和实践的不断深入，它对韩语教学的作用将更加重大，虽然我们很难判断它将在多大程度上取代传统课堂教学，但是网络韩语教学必将更加成熟、更加高效、更加普及。

网络韩语教学趋势不可阻挡，但是我们必须清晰地认识到教育技术现代化不等于教学最优化，网络韩语教学的潜力不经过科学的研究和实验，不经过长期的方法探索和经验积累，不可能转化成现实的教学效果。网络韩语教学不仅仅是买几台电脑上网的问题，它涉及平台、资源、软件、教师、学生、管理者等人员素质等多方面因素，单靠硬件的现代化还不能实现网络教学的最优化。任何事物的发展都有其规律性，我们要发展网络教学，但不可无规划地一蹴而就．应该在遵循韩语教学规律的同时，根据学校和学生的实际情况循序渐进、逐步推进。

# 第七章 跨文化交际背景下高校韩语教学发展研究

随着国际交流的日益紧密，运用韩语进行跨文化交流的范围也不断扩展，这就使得韩语教学越来越注重对跨文化交际意识与能力的培养，从而使韩语教学在跨文化交际背景下获得了更广泛的发展。本章从跨文化交际的基本理论入手，简要分析了中韩文化的差异，讨论了韩国文化对韩语教学的意义，探讨了跨文化交际背景下韩语教学的原则与策略，最后概括和总结了韩语教学中跨文化交际意识与能力的培养。

## 第一节 跨文化交际概述

### 一、跨文化交际产生的背景

#### （一）交通和通信技术的发展

众所周知，在新的时代发展背景下，人们在科学技术领域取得了很大的进步，这些前沿的科学技术成果也在慢慢地改变着人们生活、工作以及学习方式。第一，科学技术的快速发展使人们出行的交通工具变得越来越便捷。高铁、飞机等交通工具可以大大缩短人们的出行时间，也能够缩短人与人之间的距离。例如，北京和广州之间的距离较远，如果没有高铁或者飞机，人们需要很长的时间才能从其中一个城市到达另一个城市，然而在先进交通工具的辅助下，人们只需要短短几个小时就可以到达另一个城市。第二，科学技术的快速发展使得人们的通信变得更加便利。以往人们获取外界信息的渠道相对比较单一，而且信息会有一定的滞后性。互联网的出现以及快速发展使得人们可以在第一时间通过多种渠道获得外界的信息，大大提升了信息的传播效率。可见通信技术的快速发展也大大改变了人们沟通和交流的方式。在先进信息技术的辅助下，人们坐在家中就可以通过网络与世界各地的人进行沟通和交流。由此可见，交通以及通信技术的快速发展为跨文化交际的产生奠定了坚实的基础。

## （二）经济的全球化

随着世界一体化的不断推进，我国与世界各国之间的沟通和交流变得越来越密切，这种紧密的联系体现在很多领域，尤其是经济领域，也就是经济的全球化。在经济全球化的发展背景下，各国之间的联系变得更加密切，这也要求各国之间需要加强合作。在这个过程中就需要具有不同文化背景的人进行沟通和交流，从而完成既定的任务和目标。世界上的不同文化碰撞在一起时，人们就需要掌握必要的跨文化交际技能，从而更好地进行交际，解决现实中遇到的问题。

## （三）广泛的国际交流与合作

随着我国在全球地位的不断提升，越来越多的外国人热爱我国博大精深的文化，这也促进了我国和世界其他国家的文化交流。目前我国每年也都有大量的人到国外观光、旅游或者求学，在这个过程中，他们也需要对国外的文化有一定的了解，这样他们在观光、旅游或者求学的过程中才能更好地理解国外人们的行为习惯以及风俗人情等，这个时候跨文化交际就显得格外重要。此外，也有很多外国人来我国旅游或者定居，他们刚到中国时难以适应中国的文化以及生活氛围等，这个时候他们就需要努力学习和适应中国的文化、习俗等，从而更好地融入中国人的生活圈子中。这个过程就是跨文化交际的重要组成部分，要掌握相应的跨文化交际技巧，从而使沟通和交流变得更加顺畅。

# 二、跨文化交际的定义

虽然不同的学者从不同的角度给出了跨文化交际的定义，这些定义都有细微的差别，但是他们对跨文化交际的整体定义是一致的，即跨文化交际就是指具有不同文化背景的人进行沟通和交流的过程，这个过程具有较强的互动性，而且在交际的过程中人们会运用特殊的符号来创设一定的含义，并细致地解释这种符号所表达的含义等。

# 三、跨文化交际的特征

## （一）文化的优越感

众所周知，在跨文化交际的过程中，不同交际者具有不同的文化背景，因而当他们进行沟通和交流时，他们之间的不同文化也会发生碰撞，这个时候人们就很容易表现出一定程度的文化优越感。对于个体而言，其都是在一定的文化背景中成长起来的，因而更能接受并且热爱本国的文化。随着时间的推移，这种文化会深深地浸入人们的灵魂之中，从而和个体成为一体。在具体的交际过程中，当出现问题或者分歧时，人们更加倾向于相信本国的文化，并在实践中不断维护本国的优秀文化。然而需要着重强调的是，不同的国家具有不同文化，这些文化各具特色，并不存在高低之分，每一种文化都是十分独特的，这些不同的文化共同构成了世界文化体系。因而在跨文化交际中，交际者应该尽量地消除这种文化优越感对跨文化交际可能产生的影响，每个交际者都应该对其他国家的文化保持一种开放、包容的心态，这样才能够使跨文化交际更加顺利地开展。

### （二）文化的无意识性

所谓文化的无意识性就是指人们在长期的文化熏陶中已经十分熟悉本国的文化，因而他们就会在无意识中强烈地认同本国的文化。此外，由于个体长期在一种环境中工作、生活和学习，所以他们已经十分熟悉自己国家的文化规则等，并自觉地运用这些规则等来约束自身的行为。文化的无意识性会对个体产生一定的影响，因而当个体在进行跨文化交际时，他们应该尽量打破本国文化的约束规则，从而更加客观、全面地了解和认识其他文化，推动跨文化交际正常开展。

## 四、跨文化交际中的言语交际与非言语交际

### （一）言语交际

我们既可以把语言当作交际的工具，还可以把其当作交际的载体。在跨文化交际中，语言占据着非常重要的位置。语言是进行交际的工具，不同的文化群体通过语言开展交流和沟通。语言是文化的载体，不同的文化群体可以借助语言展现不一样的文化特征。不论是普通意义上的言语交际，还是跨文化意义上的言语交际，都会牵涉到静态意义上的语言系统和动态意义上的语言过程，都要遵循一定的语言规则。语言规则主要涵盖了这样几个方面——语言的系统性规则、语言的行为和交际规则、话语的组织规则等。

1. 语言要素与跨文化交际

（1）词汇与跨文化交际。所谓的词汇指的是对世界进行记录和反映的语言符号，其代表的是比较固定的现象或者是对象，人们借助于词汇来认识世界。受到自然、地理以及价值观念等因素的影响，对世界存在不一样的认识，并且通过各自的语言展现出来，故而即便是同一个事物，在不同的文化中其含义也是不一样的，不同种类的词汇系统不可能完全对应。所以，在跨文化交际中，词汇和语义是非常重要的方面。我们要对不同的文化之间的词汇和语义上的差异进行有效的解读，只有这样才能更好地开展跨文化交际。

（2）语法与跨文化交际。我们要想把词汇组织成句子，就需要遵循一定的语法规则。每种语言都有自己的语法系统，都会遵循一些特定的语法规则。语法规则不一样，其展现出来的深层次的文化的差别也就不一样。

世界上有那么多的语言，我们可以依据不同的标准对其进行划分。不同国家的语言在语法上存在系统性的差异，这展现了各个国家文化的起源和思维方式的差异。

2. 语用与跨文化交际

即便是我们掌握了某一种语言的语音、词汇和语法，也并不能说我们就可以使用这一种语言开展得体的交流，我们还要了解这一语言使用的规则，也就是语用规则。语音、词

汇和语法是语言的内部系统，可以说是语言的静态层面；语用规则是语言的动态层面，其展现的是人们在特定的社会规范下使用语言的规则。

在不同的社会中，人们说话的方式是不一样的，并且说话方式的差异具有普遍性和系统性，这也是对不同社会的文化差异的反映。但是，不同文化的人们进行交流时，通常都不会认识到文化之间的差异性，更多的是用自己的文化来衡量其他的文化行为，这就会在交际上出现问题。交际出现问题的主要原因就是用语规则发生了迁移，也就是不同文化的人们在交际的时候直接把自己语言的话语翻译成目标语，忽略了目标语的交际规则，这样的结果就是在自己的母语中可以实现的交际，在目标语中可能会失败。

在开展跨文化交际的时候，说话的内容和话题也会产生语用上的失误。比如，有的话题在一种文化中可以在公开场合讨论，但是在另一种文化中，人们不会讨论这样的话题。

**（二）非言语交际**

1. 非言语交际的定义

非言语交际指在交际中由信息发出者自觉或不自觉发出的，对信息发出者或接收者双方都存在潜在信息价值的刺激。非言语交际不是通过口头与书面语言在沟通中传达信息的过程。非言语交际形式包括语音语调、眼神交流、身体接触、脸部表情、空间距离等方面。很多研究表明，沟通的大部分含义不在语言表达之中，而在语言之外。文化和非言语交际行为是长期历史和文化积淀形成的某一社会共同的习惯，是文化习得的结果，是影响跨文化交际的文化基本因素。

2. 非言语交际的功能

（1）重复。如果有一些言语信息是不能完全表达出来的，那就需要借助非言语行为的不断重复来对这一语言信息进行更深入的解释。比如，如果我们想表达同意的意思，那就可以一边使用语言表达肯定，一边不断点头，脸上的表情要充满赞同和肯定。

（2）否定。使用语言所传达出来的信息并不一定都是真实的，也并不一定都是准确的。使用非言语的行为所传达出来的信息可能和语言表达出来的信息的意思完全相反，具有否定性的作用。比如，甲笑着对乙说："我要告诉你一个非常不好的消息。"在这个时候，乙通过甲的笑容可以推测出甲是在开玩笑，真实的情况和其语言表达出来的意思是不同的。

（3）代替。如果一些想法不适合使用语言表达出来或者是并不想使用语言表达出来，就可以借助于一些动作来展示，这个时候大家都能明白其中的意思。比如，当非常感动的时候，可以拥抱，这样可以代替千言万语；交通警察在指挥交通时采用的一些手势表示指令；在潜水时，因为在水底下并不能进行言语上的沟通，也可以使用一些彼此都看得懂的手势。

（4）补充。非言语交际可以对语言进行一定的修饰和描述。比如，当我们拒绝某个人时，不只是可以口头表达出来拒绝的意思，还可以双手叉在胸前，或者是摇头、摆手等。

当我们在说抱歉的时候，脸上带有表示歉意的表情会给人一种更加诚恳的感觉。

（5）强调。当我们使用非言语行为时，还可以加强语言表达时的态度。比如，当我们在为别人加油时，可以握紧拳头，与此同时大声呼喊；还可以用手轻拍对方的肩膀，表示鼓励和赞许。当我们生气的时候，可以使用一些语言，并且表现出激动的情绪，还可以提高音量，甚至拍打桌子等。

（6）调控。非言语行为可以对交流的情况进行调节和控制。在交流的时候，人们可以使用一些手势、动作和眼神等来表示自己要讲话，或者是已经讲完了，或者是不让别人打断自己；点头表示让对方继续讲下去；沉默表示自己不说话了，让对方讲话。需要引起注意的是，可以通过手势体语来否定言语交际的内容。比如，在言语交际中用表示拒绝的言语，而如果同时通过手势体语或眼神，对这种"拒绝"表示否定，则可让交际的对方感觉是被赞同或接纳的。

# 第二节　韩国文化对韩语教学的意义

## 一、有助于减少沟通交流误会

语言是人类交往的工具，学习语言的目的是为了沟通交流。两国在漫长的历史长河中孕育出不同的风土人情、语言习惯和思维方式等，这些差异极有可能使双方在沟通交流时出现一些不必要的误会，所以在韩语教学中要渗透韩国文化，使学生能够更好地了解韩国文化，进而在韩语的学习上有更大的进步，避免在日后的实际交流中出现误会。例如，韩国人在初次见面时会询问对方的年龄以决定使用什么样的敬语，而在我国文化中询问对方年龄是不太礼貌的行为，这样就容易在交流中产生误会。

## 二、有助于准确领会语义语境

像汉语一样，韩语在表达的过程中也非常讲究语义和语境。例如，汉语中的"方便"一词，在不同的场合有不同的意思，如果不了解中国文化，就会在交流中产生困惑。同样的道理，在韩语的教学和学习中，如果只是单纯地理解字面意思，不了解文字背后的文化因素，很有可能在正常的交流中产生不良的影响，甚至造成不必要的麻烦。所以，在韩语教学中教师要对韩国文化进行渗透，帮助学生准确地领会词汇的语义，在正确的语境中进行学习交流。

## 三、有助于激发韩语学习兴趣

任何语言的学习都要有学习的兴趣，如果在韩语教学中教师只是一味地讲解语法和词汇，很难激发学生的学习兴趣。一种语言的形成必然是和其文化联系在一起的，脱离了文化的语言就像是无根的浮萍，很难有生命力，终究被淹没在历史的长河里。语言教学也是一样，没有文化的语言教学很难焕发活力，没有活力的语言教学吸引不了学生的关注，长久下去学生的学习兴趣必将受到打击。在韩语教学中融入韩国文化，可以使学生更好地了解韩语，将抽象的语言学习变得形象立体，这样有利于提高学生学习韩语的兴趣，进而提高学生的韩语交际能力。

## 四、有助于实现培养目标转型

随着中韩之间的交流不断加强，对于复合型人才的需求也不断增加，所以在韩语教学中要改变过去培养技能型人才的模式，加强对复合型人才的培养。复合型的韩语人才不仅需要有扎实的韩语基础语言知识、强大的语言表达能力，而且更要对韩国文化有深刻的理解和研究。所以在学校的韩语教学中，教师要及时更新教学方式，大胆革新，在韩语教学中积极进行文化的渗透，不断拓展学生的韩语知识和文化知识，在此基础上不断提高学生的韩语综合运用能力，实现韩语教学培养目标的转型，为社会提供合格的专业人才，促进中韩两国之间的友好往来。

## 五、有利于提高学生的学习效率

在韩语教学中，学习理论知识就要了解韩国的文化背景，而最有效的方式就是通过文化教学，将文化纳入知识的传授之中，以具体的例子帮助学生加深对韩语知识的理解，使原本枯燥无味的理论教学变得丰富多彩，从而激发学生学习的热情，使其在学习中变被动为主动。由此可见，将韩国文化渗透到韩语教学中，对于提高学生的学习效率发挥着重要作用。

## 六、有利于提升韩语的应用能力

显而易见，提升韩语的应用能力是开展韩语教学的最终目的。而在韩语教学中纳入韩国文化，对于提升学生的韩语应用能力十分有用。因为中韩两国有着差异明显的文化背景，社会历史的变迁也会对本国的语言环境产生一定的影响，给学生的语言学习带来一定的阻碍。所以要消除这种差异的最好方式就是帮助学生充分了解两国的文化与社会背景，从而形成对文化的认知，进而帮助他们完成语言的学习。因而，将韩国文化融入韩语教学十分关键。学生了解了韩国文化，就会明白语言应当在何种语境下应用，避免交流中产生的冲突，形成两国之间的友好互动，促进国与国之间的交流。在韩语教学中恰当运用韩国文化对于提升学生应用韩语的能力有积极意义。

# 第三节　跨文交际背景下韩语教学的原则与策略

## 一、跨文化交际背景下韩语教学的原则

### (一) 认知原则

所谓认知原则，就意味着在跨文化交际背景之下，韩语教学要引导学生对韩国文化与韩国社会有充分的了解，这样才能帮助学生在学习中顺利应用韩语。与此同时，韩语教学还要注重培养学生对环境的观察能力，能够在跨文化的环境中形成良好的文化鉴别能力，提升自己的跨文化素养，并形成正确的有关语言文化的认知。

在学习韩语的过程中，最重要的就是要培养韩语的应用能力，因此在韩语教学中，教师要学会采取恰当的教学手段引导学生了解韩语的语言习惯，最有效的方式就是借助文学作品带领学生加深对韩国文化的了解，从而在熟悉韩国社会特点的基础上，更好地去深入学习韩语。

总之，在跨文化背景下进行韩语教学，提高对目标文化的认知是首要原则，只有掌握了韩国的文化风格与语言习惯，才能更好地开展语言学习。

### (二) 文化平等原则

由于各个国家的历史发展背景不同，因而会形成各种风格和形式的文化，在文化价值观上也会有明显的不同，但这并不代表文化有优劣之分，人们在进行文化交流之前，首先要明确的就是无论是何种类型的文化，其在地位上都是平等的，都应该受到平等的对待。树立文化平等意识对于文化交流的展开与形成良好的文化互动都有十分重要的意义，这一点在跨文化交际环境下尤为关键。

在跨文化交际背景下所进行的文化交流，树立平等的意识并坚持文化之间的平等与尊重是学习目的语文化的前提与基础。因此，这就要求在韩语教学中，要对中韩文化各自具有的优势都有清晰的认知，要学习文化中的优秀成分，秉持着平等的态度去看待目的语文化，坚持文化导入的平等性。跨文化交际背景下的韩语教学要用平等的心态去看待中韩文化之间的异同，要认识到他国文化的优点，并借鉴和吸收其中的有益成分为本国文化增添新的内容。学生要以平等的态度去审视韩国文化，不对其优劣做评价，要吸收其精华部分来提升自己，树立文化自信。

### (三) 理论与实践相结合原则

教学中如果只注重理论而忽视实践，教学效果就会大打折扣。但如果只注重实践而忽

视理论，教学活动就会缺乏正确的思想指导。因此，无论是学习何种类型的知识，都必须在教学中实现理论与教学的统一。同样，跨文化交际背景下所进行的韩语教学也应当遵循这一原则，使教学的过程与理论学习的规律相符合，并在文化教学的要求下合理地开展教学活动。

跨文化的韩语教学，一方面是要给学生传授理论知识，这些理论知识不仅包括学习韩语必须掌握的理论知识，还包括跨文化知识。这两个部分的理论学习都可以为其学习韩语奠定坚实的理论基础，帮助其形成完备的知识体系以促进后续的学习。因此，教学中教师要提升自己的教学素养，进行专业的知识讲授，帮助学生形成完备的知识体系，提升文化教学的效果；另一方面，也要加强实践教学。学习好理论知识后，只有深入实践才能将所学到的知识进行完美地运用。韩语教学的最终目的是为了能够让学生在实际的交流环境中熟练地运用韩语。因此，教师不能只是传授韩语知识与跨文化知识，还要为学生提供能够运用韩语进行交流与沟通的契机，让学生在现实的语境中掌握运用韩语的技巧并提高跨文化交际的意识与能力。

总而言之，坚持理论与实践在跨文化韩语教学中的统一，是韩语教学必须要坚持的原则之一，只有做好理论教学与实践教学的每一个环节，才能实现跨文化韩语教学的目标。

**（四）以理解为目标原则**

理解是进行跨文化韩语教学的前提。只有在理解的基础之上，才能进行更为深入的文化交流，实现真正的跨文化交际。由此可见，基于跨文化交际背景的韩语教学也要将理解作为开展教学活动的原则。

跨文化韩语教学过程中，坚持以理解为目标原则就要求教师在进行课堂教学时不能一味地采取灌输式的教学方式，也不能只僵硬地向学生传授理论知识，而是要引导学生对韩国文化产生的社会背景与韩语的用法及技巧进行深入了解，充分理解中韩文化的差异，从而在理解韩语文化的基础上提升学习韩语的能力，增强语言学习的自信心。

**（五）对比性原则**

在跨文化交际背景之下，韩语教学坚持对比性原则就意味着，课堂教学中要纳入有关文化的学习，教师要采取切实有效的教学方式带领学生去深入认识中韩文化，并分析这两种文化的不同之处，在对比中让学生加深对韩国文化的认识，同时也树立起对本国文化的自信。

韩语教学中遵循对比原则，可以帮助学生了解韩国文化中蕴含的价值观念与风俗习惯与我国有什么差异，以便在文化交流中减少文化冲突。同时，学生一旦深入理解了文化，就不会产生文化歧视，那么无论是进行语言学习还是文化交流都会大有裨益。

因此，对比性原则在韩语教学中十分关键，它能够帮助人们避免文化中心主义，以平等的心态去看待本国及其他国家的文化，对于跨文化交流具有重要意义。在韩语的课堂教学中，教师必须做好引导者的角色，带领学生去挖掘韩语与中文用法的不同，了解韩语在语法与词组方面的应用，加深韩语语言理论知识，更好地去深入学习韩语。总之，对比性原则对于跨文化交际中的语言学习尤为关键，应当成为韩语教学中始终坚持的原则之一。

### （六）有序性原则

跨文化韩语教学遵循有序性原则，主要体现在两个方面。

第一，从教学内容安排的角度来看，在跨文化背景下进行韩语教学，教学的内容除了要融入跨文化知识之外，还要保持教学内容设置的逻辑性，要从系统化的角度去安排教学的方案，保证韩语教学的有序进行。

第二，从教学活动安排的角度来看，活动要符合学生的个性与心理特征，各个环节的设计都要遵循一定的步骤，从而保证教学活动能够按部就班地展开。

也就是说，有序性既代表着系统性的文化知识体系，也代表着教学从整体上应当符合学生的身心发展规律。

因此，韩语教学中要将跨文化知识的相关内容与韩语语言知识进行有机融合，使教学内容更有层次性与系统性，以保证文化教学的效果。与此同时，韩语教学在进行文化导入时还应当充分了解学生现有的知识体系与认知水平，要根据学生的接受程度为学生制订好符合其身心发展的学习计划，以便帮助学生提升学习文化与韩语理论知识的能力，并进一步培养学生运用韩语进行文化交流的能力。

### （七）适量性原则

在跨文化韩语教学中遵循适量性原则就是指在进行韩语文化背景知识普及时要注意把握一定的度。这个度的标准就是既能帮助学生完成对韩语文化的认识，又不会浪费太多的教学时间。在韩语教学的课堂上，如果教学的内容建立在了解文化产生的社会背景之上，那就要对此做简单介绍，如果不是必要，就可以放在课下时间进行普及。总之，课堂教学还是要把握教学的重点和难点。

### （八）吸收原则

由于各国的历史背景不同，社会发展形势也不同，因此产生了各种类型的文化。世界文化的多元性是文化交流产生的根本。正是因为每种文化都有自己的独到之处，才使得我们在文化交流中要学会吸收其他民族文化中所蕴含的优秀成分。这一点在韩语教学中也同样重要。

吸收原则意味着既不能全盘接受其他文化也不能全盘否定其他文化，要在树立本国文化自信的基础上，充分了解与分析韩国文化，取其精华，去其糟粕，以求获得更好的发展。无论是我国文化还是韩国文化，要对这些文化的性质进行深入分析，吸收其中的精华部分以促进自身文化的成长与发展。

一般来说，吸收原则还要注重在文化交流中的求同存异，而往往存异是比较困难的，这就需要教师在传授知识的过程中帮助学生树立起求同存异的思想，对与本国文化有差异的文化要理解，对他们的优点要认可和欣赏。

### （九）有效性原则

韩语教学开展的初衷就在于通过教学活动提升学生的韩语应用能力。而在跨文化交际背景之下，韩语教学最关注的还是通过采取正确的教学方法提升学生应用韩语进行跨文化交际的能力。

在文化交流中，确保交际的有效性尤为关键。而有效交际的形成则需要依靠多种因素，一是交际环境，交际环境又分为宽泛的和具体的，其中宽泛的交际环境是指一些文化的、心理的和自然的环境，具体的交际环境则是指交际中触及的情境，一般包括交际对象进行交际的场合或者其本身所有的社会地位等因素。二是规范系统，即人们在交际中形成的一种默契。除此之外，还有许多其他因素。总之，这些因素都会或多或少地影响着交际的实际效果。因此，要想实现有效交际就必须充分考虑跨文化交流中要面临的诸多问题。这就要求在开展韩语教学的过程中，在制订教学安排时，一定要保证教学文化内容的选择是有效的。如此一来，才能保证跨文化韩语教学目标得以完美实现。

### （十）精讲多练原则

精讲多练原则主要体现在韩语教学的课堂之中，尤其注重对交际技能的培养。

首先，要利用语言知识培养学生的韩语语言技能。在课堂教学中，在关注理论知识传授的同时，也要注重对学生语言能力的培养。开展语言实践活动，让学生在实践中检验自己的学习成果，通过反复练习提升语言技能。

其次，加强语言操练，提升交际能力。事实证明，语言操练与语言交际有明显的区别。前者更注重练习，是一种提升语言熟练度的手段；后者则注重交际，主要是在真实的交际环境中培养，偏重实践。语言操练比较注重练习的方法与层次。简单的方法有重复句型练习、模仿情景或者对故事情节展开复述等，与此同时，会不断提升操练的难度，由语言操练上升至语言交际。因此，在课堂教学中，一般会由教师先带领学生熟悉知识，进行简单练习并加以充分讲解，等到熟练之后就开始展开对话，最后就可以熟练地运用韩语进行日常的沟通与交流。这就是语言操练的作用。

最后，要丰富韩语课堂练习的形式。一是可以在课堂教学中加入交际场合。即教师采取一定的手段为学生创设一些真实的语言交流情景，让学生根据所学知识选取恰当的语言进行交际，做一些简单的交际练习。在激发学生兴趣的同时，还能潜移默化地提升学生的韩语应用能力。二是将交际的形式融入课堂教学内容之中。例如，从课堂开始，教师就用韩语展开问候，自觉地将学生代入韩语的教学环境之中；同时，在教学中加入一些生动有趣的故事，吸引学生的注意力，让他们产生学习韩语的兴趣，并自觉投入韩语的语言练习之中；除此之外，还要注重韩语的写作练习，等到学生能够熟练掌握韩语语法与词组使用方式时，教师就可以鼓励学生进行写作，从而培养学生的语感，提升学生的韩语应用能力。

总而言之，韩语教学中运用精讲多练原则是教学中必不可少的环节，在课堂教学中，教师要担当好引导者的角色。第一，要组织好教学活动，完善教学设计，并合理安排教学内容；第二，在课堂上，要积极引导学生参与课堂教学活动，为学生创设能够进行韩语交际的机会，传授学生韩语理论知识，以保证学生可以利用韩语知识深入实践，在文化交流中展示出个人风采；第三，在课余时间，要鼓励学生积极参与课外活动，学会用韩语描述日常生活中遇到的事情，做好语言操练与语言交际，以保证教学效果得到及时巩固。第四，要做好教学评估与教学评价。对学生练习韩语的情况进行后续跟进，了解学生是否能够按照计划完成韩语的日常练习，并且在学生遇到困惑或难题时，要及时给予学生帮助，以求学生增强学习韩语的自信心，从而保证韩语教学效果的有效实现。

## 二、跨文化交际背景下韩语教学的策略

### （一）加强教师专业文化素养

在跨文化交际背景下进行韩语教学，对教师的能力与素质有更高的要求。首先，韩语教学的质量与教学的专业素养的优劣是相挂钩的。因此，提升教师的专业化教学素养对于提高韩语教学的质量至关重要；其次，教师的专业文化素养的提升包括很多方面，一是教师要具备充足的韩语理论知识，二是教师要提升自身的专业化教学能力，三是教师要提升自身的综合素质；最后，这就要求在日常的韩语教学中，教师要多学习有关的韩国文化知识，提升韩语应用能力，以身作则引导学生学好韩语，只有教师做好示范，学生才能真正地受到良好的韩语教育。

### （二）采取多样化的韩语教学模式

在以往的韩语教学中，可采用的教学模式都比较单一，缺乏创新性，很难使教学的效果达到最佳，尤其是在跨文化交际的背景之下，提高教学质量就更加困难。基于此，就要改变韩语教学的模式，为其增添新的富有活力的内容。

第一，做好韩语文化的课程设置，要在教学中加入专门的学习韩语文化的课程，引领学生学习跨文化的理论知识，丰富课堂教学的内容，重视对跨文化知识的传授。

第二，基于跨文化交际背景展开情景式教学，即为学生创设一个良好的跨文化交流环境，让学生在创设的有韩国特色的环境中感悟韩国文化，更好地提升跨文化交际能力与韩语应用能力。

第三，要发挥学校的引领作用，在校园内积极开展文化交流活动，让学生在活动中认识中韩文化的差异，全面认识韩国文化，从而加深对韩国文化的理解，更好地提升学习韩语的兴趣与应用韩语的能力。

### （三）合理设置课堂内容，打造良好的学习环境

目前我国韩语教学活动主要集中在课堂内，因此必须利用好有限的课堂时间，合理设

置课堂内容和形式，为学生们创设一个良好的学习环境。要结合教材扩展文化内容。韩语教材是自然科学和人文科学相关知识的有机结合体，也是学生和教师重点研读的素材，其中很多篇章都介绍了韩国文化中的基本情况，因此教师要充分利用好韩语教材，深刻挖掘其蕴含的文化内涵，并联系自身的了解进行文化知识的扩展和延伸，扩宽学生的知识面。还要注重中韩文化的对比。只有通过对比才可以发现韩语与母语之间在形式和内容上存在的差异。教师在进行文化渗透时要做好两种文化间的对比工作，让学生们在了解中韩文化差异的过程中充分理解认识到两国文化差异的原因，才能达到良好的学习效果。

# 第四节　韩语教学中跨文化交际意识与能力的培养

## 一、韩语教学中跨文化交际意识的培养

### （一）联系实际，创设交际情境

在韩语教学中培养学生的跨文化交际意识最关键的是要为学生创设一个真实的语言学习环境。因为只有在真实的交流中，学生才能把握好韩语的语言习惯，了解什么语境下运用怎样的交流技巧，以此提升在不同情境下同他人进行交流的能力。所以，一个良好和谐的交际环境，可以激发学生学习韩语的热情，提高学生对韩语学习的兴趣，增强学生学习韩语的自信心。基于此，在韩语教学中．教师可以在课堂教学中引入情境教学法，设定一定的情境，帮助学生深入语境之中，锻炼他们实际运用韩语的技巧与能力。与此同时，还可以借助一些先进的教学手段，增强课堂教学的趣味性，减少课堂教学的枯燥性，使语言学习更加生动具体。除此之外，教师还要引导学生在生活中注意运用韩语的情境，让学生学会自己独立运用韩语进行交流，从而提高实际运用韩语的能力，并在交流中全面感知韩国文化，在潜移默化中培养跨文化交际的意识。

### （二）增加阅读量，培养学生韩语意识

在韩语教学中，教师还可以通过增加学生阅读量的方式使学生意识到韩语的重要性，并提高学生学习韩语的兴趣。具体而言，教师除了结合教材内容进行阅读讲解和安排韩语阅读任务以外，还应该结合学生的实际情况融入一些课外的阅读资料。在课堂上，教师可以将教材中的阅读内容与课外阅读有机结合，从而不断扩大学生的阅读内容。在课外，教师可以鼓励学生多阅读一些课外资料，从这些不同的阅读材料中感知汉语文化与韩语文化的差异，从而使学生树立跨文化交际意识，这对日后的中韩跨文化交际是有利的。

需要注意的是，教师在学生阅读过程中应该充分发挥自身的引导作用。引导学生不能为了完成阅读任务而阅读，而应该深入韩语阅读材料的深处，挖掘韩语文化在风俗、历

史、思维、表达、逻辑等方面的不同，从而使学生真正理解中韩文化之间的差异。同时，教师还可以鼓励学生将自己阅读的情况与其他同学分享．并针对韩语涉及的一些文化进行分析和探讨。教师还应该指出韩语阅读的重点和难点，以及学生在日常阅读与表达中容易出现的问题。另外，教师还可以通过对比的方式来讲解阅读材料中所涉及的韩国文化。通过比较，学生可以更加清楚地了解中韩文化的差异。

### （三）重视词语教学，引导学生应用

任何语言的学习都会涉及词语的学习。韩语学习也不例外。积累、理解和掌握韩语学习所涉及的词语，是每个学生学好韩语的关键，也是学生增强跨文化意识的重要手段。因此，在韩语教学中教师应该意识到词语教学的重要性，并不断对词语的含义、语境、语法等进行讲解，从而使学生能够真正理解韩语词语的真正含义。同时，教师还应该注重词语应用的讲解。在讲解应用的过程中，教师要涉及与这些词语相关的反义词、相关短语等，并将这些词语的常用搭配、固定搭配、句子组合等进行系统讲解，使学生不仅能够理解词语以及相关词汇，还可以将这些词语及相关词汇应用到具体的语境中。

另外，教师在讲解这些词汇的过程中，还应该挖掘这些词语的文化内涵，并开展一些实践活动，鼓励学生应用这些词语进行交际。在这一过程中，教师要及时跟踪，了解学生对词语的应用和表达，并针对学生在应用这些词语交际时出现的错误进行分析，激发学生对词语学习和跨文化交际的兴趣，增强跨文化交际意识，使学生在跨文化交际中更具有应用韩语词语的信心。

### （四）充分发掘教材内的文化信息

教材在教学中的作用是毋庸置疑的。教材对韩语跨文化教学而言也是十分重要的。教师要充分利用教材中的内容进行跨文化教学。教材中的内容都是一些有价值的内容，无论是韩语的表达，还是蕴含的韩语文化，都具有一定的规范性和代表性。因此，教师要充分发挥教材的作用，并不断挖掘教材中所涉及的韩语文化。同时，在讲解这些韩语文化的过程中，应该鼓励学生在日常交际中应用这些文化信息。这样，学生不仅可以学习教材中的内容，还可以对韩语教学中的文化有一定的了解，更有利于学生了解这些韩语文化应用的具体语境以及应该注意的问题，这对学生跨文化交际意识的增强是有很大帮助的。

### （五）利用多媒体教学，传递跨文化信息

在多媒体技术的影响下，韩语教学不断更新传统的教学理念，不断改革传统的教学方式，这对韩语教学的持续发展以及跨文化交际韩语人才的培养都具有重要的意义。具体而言，在韩语教学中，教师应该充分利用多媒体技术，将韩语知识和韩语文化融入多媒体课件中，并通过多媒体课件来讲解韩语知识和文化。众所周知，多媒体技术的应用，可以实现文字、图片、音频、视频等的融合。将多媒体技术与韩语教学有机结合，可以更系统、更直观地呈现韩语所蕴含的各种文化。同时，学生可以通过多媒体课件了解韩国的一些社

会习俗、韩国人的思维方式、历史发展、思维习惯、表达方式等，这对学生真正了解韩语文化是有利的。可以说，多媒体技术应用于韩语教学中，呈现出很多的优势，有利于提高学生的跨文化交际意识。

### （六）利用影视资料，涉猎跨文化知识

影视资料，是通过影视的方式来展现一些资料和信息，这种方式具有很强的直观性和带入感。在韩语教学中，为了增强学生的跨文化交际意识，教师可以利用影视资料来传递跨文化的相关知识和信息。众所周知，影视资料中可以涉及很多内容，词语、短语、搭配、语法、句子以及口语表达、交际用语、交际环境等。学生可以通过观影的方式来了解这些内容和信息。

鉴于影视资料的重要性，教师在韩语教学中应该注重对影视资料的利用。因为影视资料与韩语教学的结合具体有以下优势。

第一，影视资料有利于激发学生学习韩语的兴趣。韩剧具有一定的特色，很多学生都喜欢看韩剧。在观看韩剧的过程中，学生可以从剧中了解韩国当地的风俗习惯、思维表达、韩国文化等。这些通过电视剧的形式展现出来，有利于学生对韩语学习产生兴趣，并掌握中韩跨文化交际的表达。

第二，使韩语学习材料能够与时俱进。无论是韩语教学中应用到的教材，还是其他语言教学中应用到的教材都有相对滞后性。即使教材也在随着教育改革的发展而不断改革发展，但是教材的试用、完善以及正式投入使用需要一定时间。在这段时间之内，时代是发展的，韩语知识和文化也是发展的。可见，尽管教材也在不断发展和完善，但在一定方面上是相对滞后的。而影视剧不同，影视剧中往往涉及一些前沿的文化，其发展是紧跟时代和社会发展的。将影视材料融入韩语教学中，有利于使韩语知识和文化更贴近韩国生活和时代的发展，从而为学生学习韩国知识和文化提供新的信息，扩宽韩语学习的内容。

第三，使学生的猎奇心理得到满足。影视中的题材和内容都是贴近韩国人的实际生活的。通过观看影视，学生可以了解韩国人的现实生活，更能够直观地感受到韩国人的生活气息，了解韩国人的生活文化，从而不断满足学生的猎奇心理。

综上所述，影视资料融入韩国教学中对学生的学习而言是有很大促进作用的。因此，在实际的韩语教学中，教师可以结合韩语教学的实际情况以及学生感兴趣的话题，恰当地融入一些影视材料，使学生从影视材料中学习一些韩国文化．提高自己的跨文化意识。

## 二、韩语教学中跨文化交际能力的培养

### （一）从阅读文学作品中获取文化信息

文化的传播和获取都需要一定的载体和渠道。韩国文化也不例外。学习者可以通过多种途径获得文化，例如语言交际中、音频中、视频中、影视作品中等。这些途径都蕴含着

不同的文化，学习者可以根据自己的实际情况，选择不同的文化获取途径。

在韩语教学中，教师要意识到文化获取途径的重要性，并采取多种方式增加文化获取的途径，使学生可以通过多种途径来获取文化信息。需要注意的是，文化获取途径的扩大，要遵循一定的原则。教师也要充分利用好这些文化获取的途径，使学生能够从中学习更多的韩国文化，为自身跨文化交际能力的提高奠定基础。

在众多的文化信息获取途径中，经典的文学作品是获取文化信息的首选途径。经典的文学作品有着丰富的内容、生动的表达方式、具体的故事情节、全面的文学构思、突出的情感思想，这些都蕴含着大量的文化信息。学生通过阅读这些经典文学作品的方式来获取文化信息，能够保证文化信息的准确性。同时，学生在阅读文学作品的过程中，可以结合自身已学的知识和文化，与文学作品的思想和情感产生共鸣。因此，韩语教师应该注重将一些经典的文学作品融入具体的韩语教学中，使学生能够获得更多的韩语文化信息，不断丰富自己的韩语文化知识。只有学生掌握更多的韩语文化以及韩语文化的获取途径，才能更深入地了解韩语文化，并主动利用韩语进行交际，这对学生跨文化交际能力的提高是有帮助的。

### （二）语言教学与文化教学相结合

#### 1. 以语言教学与文化教学为导向

众所周知，语言与文化从来就不是孤立的，而是密切相关的。无论是哪种形式的语言教学，都离不开文化教学。因此，语言教学在涉及语言的基础上，还要注重文化的融入。同时，语言教学的主要任务就是通过教学使学生能够学习语言和文化，最后才能不断提高自己的跨文化交际能力。可以说，语言教学与文化教学并不是孤立的，而是相互结合的，共同为学生跨文化交际能力的提高提供保障。另外，语言与文化之间的关系，也决定了语言教学与文化教学是不可分割的。无论脱离文化教学，还是脱离语言教学，都会失去教学真正的意义，对学生跨文化交际能力的培养也是不利的。

因此，在韩语教学中，教师应该首先明确语言与文化的关系，其次要意识到语言教学与文化教学相结合的必要性，真正以语言与文化教学为中心，实现语言教学中渗透着韩国文化，文化教学中渗透着韩语知识，最后才能真正实现语言教学与文化教学的有效融合。

#### 2. 由浅入深的教学原则

在韩国教学中，教师在融入韩语知识和文化时要遵循由浅入深的原则。这一原则有利于调动学生学习韩语的积极性，有利于学生从基础的韩语知识和文化学起。待到学生掌握一定的基础知识和文化之后，教师可以融入一些有难度的知识和文化，并对这些知识和文化进行系统讲解，使学生能够在基础知识和文化学习的基础上，学习有难度的知识和文化，进而挑战高难度的韩语知识和文化。这样有利于学生由浅入深的学习和理解韩语知识和文化，在一定程度上提高学生跨文化交际能力的培养。

3. 文化渗透性原则

语言教学中融入文化教学，实际上就是将文化渗透到语言教学中。具体到韩语教学中，就是实现文化与韩语教学的有效融合。因此，韩语教师要注重文化导入的方式，并结合教学大纲、教学内容以及学生的实际学习情况，有针对地渗透文化。同时，教师还可以组织一些交际活动，对某一问题或某一知识进行讨论和学习，使学生真正将韩语知识和文化融入具体的实践活动和交际表达中，使学生能够用韩语表达自己的思想、观点和情感。

除此之外，韩语教师还可以通过社会实践活动来调动学生学习韩语的主动性，并将文化渗透到社会实践活动中，使文化学习与社会实践有机结合，促进学生跨文化交际能力的提升。

**（三）利用网络词汇**

随着网络技术的发展，一些网络词汇也逐渐出现，并应用到韩语教学与学习中。在这些网络词汇应用的过程中，网络交际模式备受关注。这种模式不仅涉及语言知识，还涉及文化知识。

除此之外，网络交际模式有利于学生推断出词汇、网络背后隐藏的知识和文化。例如，教师可以播放一些韩语电影或韩语电视剧，引导学生从电影或电视剧中学习网络词汇，并从这些网络词汇中挖掘出隐藏的韩语文化。

**（四）借助流行歌曲的歌名、歌词**

在韩语跨文化交际教学中，教师应该采用不同的方式。单一的文化导入方式不利于学生兴趣的激发。因此，教师应该结合学生的需要以及时代的发展，不断改革传统的教学方式，不断融入新的教学方式。流行歌曲由于其流行性、时尚性而受到很多学生的喜欢。韩语教师就可以将流行歌曲融入具体的韩语教学中，使流行歌曲促进韩语教学的发展。

因此，教师可以融入流行歌曲的具体歌词、歌名，使学生从中体验韩国文化，并不断提高自己的韩语表达能力和跨文化交际能力。

**（五）重视调动学习者的学习潜能和机制**

语言是发展变化的，文化也是发展变化的。学生不可能一直在学校中学习语言和文化。当他们进入社会，也需要自主学习语言和文化。只有这样，学生的语言知识和文化知识才能跟上时代的发展。这就要求学生树立自主学习的意识和终身学习的观念。同时，学生跨文化交际能力的培养也是一个系统而长期的过程，除了需要学校教育的引导以外，还需要社会实践的引导。因此，韩语教学应该将跨文化交际能力的培养作为重点内容，并调动学生的学习潜能与机制，使学生能够不断学习韩语知识和文化。

# 参考文献

[1]金丽妍.韩语教学中翻转课堂教学模式的运用研究[J].韩国语教学与研究,2022(02):86-91.

[2]张群.论高校韩语教学中的文化渗透教育[J].文化产业,2021(01):69-71.

[3]李沛然.韩语教学中的跨文化教育研究[J].智库时代,2020(01):270-271.

[4]史思岩.微课教学法引入高校韩语精读语音教学的策略[J].山西青年,2021(09):87-88.

[5]李泽铭.基于语言学翻译理论的韩语语序教育方案研究[J].产业与科技论坛,2020,19(08):171-172.

[6]崔婧琪.运用多元智能理论提高高职韩国语教学质量[J].当代旅游,2019(03):205,256.

[7]陶聪.基于跨文化交际能力培养的职业院校韩语教学[J].安徽冶金科技职业学院学报,2022,32(01):79-81.

[8]丁小玲.略论跨文化交际与外来语教学[J].江苏社会科学,1999(05):179-181.

[9]姜淼芳.韩语教学中渗透文化教育的必要性与方法分析[J].中国多媒体与网络教学学报(上旬刊),2021(12):208-210.

[10]温静.韩语惯用语的特点及教学方法探析[J].林区教学,2018(10):68-69.

[11]彭燕琼.高校韩语教育中慕课的实践[J].校园英语,2019(15):27.

[12]崔学善,谭春波.基于微课的翻转课堂教学模式在韩语教学中的应用研究[J].读书文摘,2017(04):181.

[13]李沛然.韩语教学中的跨文化教育研究[J].智库时代,2020(01):270-271.

[14]张群.论高校韩语教学中的文化渗透教育[J].文化产业,2021(01):69-71.

[15]胡洁.浅析高校韩语教学中的跨文化教育[J].国际公关,2019(07):118.

[16]聂宏艺.探讨如何创新高校韩语教育教学模式[J].课程教育研究,2018(04):93.

[17]金善子.论高校韩语教学中的文化渗透教育[J].盐城师范学院学报(人文社会科学版),2010,30(04):113-116.

[18]王梦君.浅析高校韩语教学中新媒体的应用价值[J].才智,2020(29):128-129.

[19]刘唯.新媒体在高校韩语教学中的应用探索[J].智库时代,2019(45):297-298.

[20]李蓉.基于韩国文化教育进行的韩语教育分析[J].教育信息化论坛,2018,2(07):49-50.